会计基础实用教程

王文媛　主　编

韩维熙　李　康　副主编

清华大学出版社

北　京

内 容 简 介

本书以经济管理人才应具备的财会知识为基础,以企业财会活动为主线,采用模块化、任务制的编写方法,以会计基本知识、账户与复式记账、记账凭证与账簿、财务报表主要内容的核算、财务报表的编制与分析五个主题单元为载体,重构了知识体系,并注重理论学习与同步训练的协同效应,强调"学而有用,学而能用"。

本书内容翔实、贴近实际、实用性强,因此既适用于高职高专经济管理类非会计专业的会计课程教学,同时又兼顾应用型本科、成人高校、民办高校及传统本科院校非会计专业的教学,也可以作为工商企业管理干部及中、小、微型企业财会从业人员的在职教育和岗位培训教材,对于广大社会读者也是一本有益的财会知识参考用书。

图书在版编目(CIP)数据

会计基础实用教程/王文媛主编 . —北京:清华大学出版社,2012.6 (2017.7重印)
ISBN 978-7-302-28514-4

Ⅰ.①会… Ⅱ.①王… Ⅲ.①会计学—教材 Ⅳ.①F230

中国版本图书馆 CIP 数据核字(2012)第 066167 号

责任编辑:金燕铭
封面设计:王建华
责任校对:袁 芳
责任印制:李红英

出版发行:清华大学出版社
   网 址:http://www.tup.com.cn,http://www.wqbook.com
   地 址:北京清华大学学研大厦 A 座   邮 编:100084
   社 总 机:010-62770175   邮 购:010-62786544
   投稿与读者服务:010-62776969,c-service@tup.tsinghua.edu.cn
   质 量 反 馈:010-62772015,zhiliang@tup.tsinghua.edu.cn
   课 件 下 载:http://www.tup.com.cn,010-62795764
印 装 者:北京嘉实印刷有限公司
经 销:全国新华书店
开 本:185mm×260mm   印 张:14   字 数:338千字
版 次:2012 年 6 月第 1 版   印 次:2017 年 7 月第 3 次印刷
印 数:4001~4800
定 价:29.00 元

产品编号:047330-01

前　言

　　会计既是国家财政的命脉,也是现代经济发展和企业经营的关键支撑。财务会计业务惠及众多企业,涉及各个经济领域,在国家经济发展、国民经济建设、改善民生、构建和谐社会等方面发挥着极其重要的作用。随着社会经济的发展,会计信息的重要性和经济价值日益凸显,"经济越发展,会计信息越重要"已经成为共识,并逐渐受到经济管理者、企业管理者、社会管理者广泛且高度的重视。

　　当前,面对中国经济国际化的发展趋势和国内外企业激烈的市场竞争压力,企业要生存、要发展,不仅需要大量的会计专业精英,而且对未来从事经济管理、企业管理工作的经济管理专业人才掌握财务会计业务知识提出了更高的要求。

　　本书作为经济管理类非会计专业学历教育和职业培训的特色教材,以学习者应用能力的培养为主线,依照中小型企业的会计业务及阅读财务报表的基本过程与规律,根据高等职业教育的教学特点和培养目标,结合当前财税体制改革的新举措和新发展,采用模块化、任务制的编写方法,按照任务设定的内容循序渐进地进行讲解。

　　全书包括会计基本知识、账户与复式记账、记账凭证与账簿、财务报表主要内容的核算、财务报表的编制与分析五个主题单元,注重会计信息的形成、解读、分析和利用,注重会计操作规程和财务报表的解读,并注重理论学习与同步训练的协同效应,强调"学而有用,学而能用",以培养学生的实践能力和应用技能。

　　本书具有内容翔实、案例丰富、贴近实际、实用性强、通俗易懂、便于学习和掌握等特点,因此既适用于高职高专经济管理类非会计专业的会计课程教学,同时又兼顾应用型本科、成人高校、民办高校及传统本科院校非会计专业的教学,也可以作为工商企业管理干部及中、小、微型企业财会从业人员的在职教育和岗位培训教材,对于广大社会读者也是一本有益的财会知识参考用书。

　　本书由李大军进行总体方案的策划并具体组织,由王文嫒(北京联合大学)担任主编并负责结构框架的设计与统稿,由韩维熙、李康担任副主编,由具有丰富会计教学与实践经验的刘亚娟教授审定。作者具体分工如下:李康编写主题单元一、主题单元二,成慧君编写主题单元三,吴霞、韩维熙编写主题单元四,王文媛、韩维熙编写主题单元五,黑岚、李瑶、周鹏整理附录,华燕萍负责校对和版式整理工作,李晓新负责制作教学课件。

在编写过程中,编者参考了大量的国内外与会计相关的书刊、文献资料,以及国家财政部新出台的会计准则和财务管理规章制度,并得到业界专家教授的具体指导,在此一并致谢。为了配合本书的使用,编者精心制作了教学课件,读者可以从清华大学出版社网站(www. tup. com. cn)免费下载。为了便于教学,如果需要同步训练的答案,请与王文媛主编联系(gltwenyuan@buu. edu. cn)。因编者水平所限,书中难免存在疏漏和不足之处,恳请各位专家、同行及广大读者批评指正。

编 者

2012 年 3 月

目 录

主题单元四　财务报表主要内容的核算

主题单元一

会计基本知识

知识目标

- ▷ 会计的含义与职能
- ▷ 会计对象
- ▷ 会计要素与会计等式
- ▷ 会计核算基础

训练目标

- ▷ 明确会计的内涵与基本职能
- ▷ 界定会计的要素
- ▷ 验证会计等式的恒等
- ▷ 清楚会计核算的基本前提
- ▷ 理解会计信息的质量要求
- ▷ 运用权责发生制和收付实现制

任务一

认知会计

对于初学者来说，"会计"就好像是一个"熟悉的陌生人"，亲切却不清楚。现在，我们将揭开"她"的面纱，对其进行全面、客观的了解与认识。

会计是适应社会生产活动的客观要求而产生的，作为经济管理的信息披露和控制过程，它是一个完备、综合的信息系统。因此，会计也被称为"商业语言"。随着社会经济的不断发展，会计信息的重要性日益凸显，对人们日常活动的影响也越来越深刻。实践证明，"经济越发展，会计越重要"。

学习引导

知识一 什么是会计

定义

会计是以货币为主要计量单位，通过一系列专门方法对经济活动进行连续、系统、全面和综合的反映与监督，向有关各方提供信息的管理活动。

在日常生活中，"会计"是一个非常熟悉的字眼，任何单位都有"会计"，即会计人员，但会计工作的具体内容是什么？它所依据的理论又是什么？一般来说，对于非会计专业人士是无法给出全面和准确的解释的。要真正明白会计的含义，则要从会计的产生与发展说起。

一、会计的产生与发展

生产活动是人类生存和发展的基础，在这项实践活动中，由于存在着劳动成果和劳动耗费的比较，产生了原始的计量、计算和记录，这些行为蕴藏着会计的萌芽。根据考古资料，会计活动的历史可以追溯至四五千年以前。

早在原始社会,人们便通过"结绳"、"刻石"等方法记录生产耗费和劳动成果,虽然简陋,但它却是会计最早的萌芽。

古巴比伦人有支付工资的黏土记录,古埃及和古希腊城邦也留有记账和会计记录的资料。

我国的西周时代出现"会计"一词,设置"司会"官职掌握周王朝的赋税收支,进行月计岁会,即所谓"零星算之为计,总合算之为会"。

会计史上具有里程碑意义的事件是复式簿记的出现。复式簿记究竟由何人创造,并无定论,但地中海沿岸手工业和商业的发展繁荣,为复式簿记的诞生提供了条件。早期的复式簿记系统可能出现于12至13世纪的意大利若干城市的商人和银行家的账簿中。1494年,意大利数学家卢卡·巴其阿勒在其《算术、几何与比例概要》中第一次对复式簿记做了系统说明,从此,该方法在全世界得以推广。

随着企业规模扩大,经济环境快速变化,新型的会计管理程序和方法运用于企业内部管理。1952年,世界会计学年会通过"管理会计"这一名词,传统会计分化为财务会计和管理会计两个分支。管理会计的形成和发展丰富了会计的内容,会计从传统的事后记账、算账和报账,向事前预测、参与决策和事中控制的方向发展。

纵观中外,会计早已有之,会计从最初作为生产职能的一部分,对经济活动进行计量、计算,演变为一门独立的学科,其发展与社会经济的发展紧密相关,并对社会经济的发展起到重要的促进作用。

二、会计的含义

会计有着丰富的内容,并且随着社会的发展和会计活动的变化,不断得到充实、发展和完善。会计的概念是人们对会计实践的理论概括,从根本上说,会计指的是会计工作,会计学则是人们对会计工作规律的认识。人们对会计的认识经历了漫长的过程,并且存在分歧,具有代表性的有以下两种观点。

1. 信息系统论

信息系统论认为,会计是一种处理数据的技术方法,将会计的本质理解为提供信息以供决策的信息系统。在我国较早接受会计是一个信息系统的会计学家是余绪缨教授。

2. 管理活动论

管理活动论将会计的本质理解为一项管理活动。具体地说,该观点认为,会计是人们基于特定目的、利用特定方法对特定内容进行管理的一种管理活动。在我国早期提倡管理活动论的是杨纪琬、阎达五教授。近年来,大家共同认为,会计既是一个信息系统,也是一项管理活动。

结合这两种观点,得到上述会计的定义。

知识二 会计的基本职能

CCC 定义

会计的职能是指会计所具有的功能。

从会计的发展过程来看,反映(核算)和监督(控制)是会计的两项基本职能。会计反映是会计监督的基础,会计监督又贯穿于会计反映的全过程。

一、会计的反映(核算)职能

会计的反映职能也称核算职能,是指会计以货币为主要计量单位,按照公认的会计准则,通过确认、计量和报告等环节,对特定会计主体的经济活动进行记账、算账、报账,为有关各方提供会计信息的功能。会计反映职能具有以下特点。

1. 货币为主要计量单位

会计主要从价值量方面对各单位经济活动进行反映。由于经济活动的复杂性,不可能简单地以实物度量、时间度量将不同类别的经济业务加以计量、汇总,只有以货币为度量单位,将经济活动以价值量表达,才能掌握经济活动的全过程。所以,会计核算是以货币度量为主,以其他度量为辅,从数量上综合反映各单位的经济活动状况。

2. 完整性、连续性和系统性

会计反映的完整性是指对所有会计对象都要进行确认、计量、记录和报告,不能有任何遗漏。会计反映的连续性是指对会计对象的确认、计量、记录和报告要连续进行,不能有任何中断。会计反映的系统性是指要采用科学的核算方法对会计信息进行加工处理,保证所提供的会计信息能够成为一个有机整体,从而揭示客观经济活动的规律性。

二、会计的监督(控制)职能

会计的监督职能也称控制职能,是指会计人员在进行会计核算的同时,对特定主体经济活动的合法性、合理性进行审查。会计监督职能具有以下特点。

1. 强制性和严肃性

我国的会计监督是《中华人民共和国会计法》(以下简称《会计法》)赋予会计机构和会计人员的一项权利和义务,实质上是依据国家的法律、法规、财经纪律及企业内部管理制度来进行。因此,在我国,会计监督具有强制性和严肃性。

2. 连续性和全面性

会计监督是对各单位所有经济活动进行的全过程控制,包括事前监督、事中监督和事后监督。事前监督可以对各项经济活动的可行性、合理性、合法性和有效性等进行审查,指导未来的经济活动;事中监督可及时提出建议或改进意见,促使有关部门或人员采取措施予以改正;事后监督可以对已经完成的经济活动进行考核、分析和评价,为制订下期计划、预算提供资料,也可以预测经济活动的发展趋势。

上述两项会计的基本职能相辅相成,紧密联系。随着社会经济的发展和经济管理的现代化,会计的职能也更加丰富,一些会计学者提出了新的会计职能。一般认为,除了会计的反映、监督两个基本职能之外,还有预测、决策、预算、分析和考评职能。

知识三　会计对象

CCC 定义

会计对象是会计所要反映和监督的内容,即会计工作的客体。

一、会计对象的概念和内容

会计是以货币为主要计量单位,因此,会计对象就是特定主体中发生的能够以货币表现的经济活动。以货币表现的经济活动又称为价值运动或资金运动。资金运动包括资金投入、资金运用(即资金的循环与周转)和资金退出等过程。简言之,会计对象的内容可概括为价值运动或资金运动。

由于会计服务的主体,如企业、事业、行政等单位,其组织形式与经济活动内容不同,会计对象的具体内容也会有所不同。即使都是企业,不同行业的企业,其资金运动也均有各自的特点。由于工业企业的业务相对完整,本书以工业企业为例,说明会计对象的基本内容。工业企业的资金运动过程如图 1-1 所示。

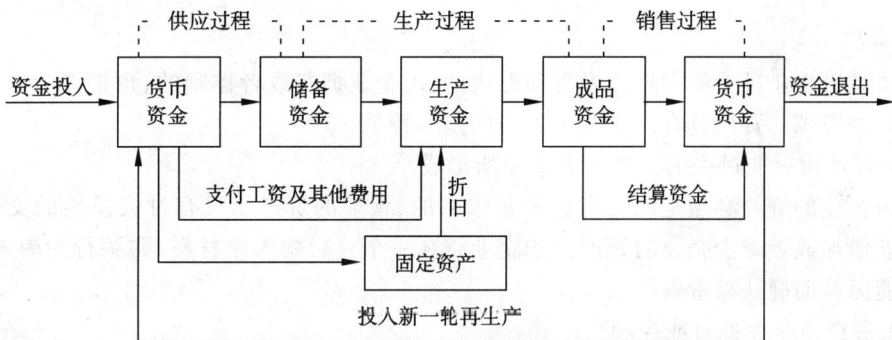

图 1-1　工业企业的资金运动过程

通过图 1-1 可以看出,工业企业的资金运动过程具体表现为以下几个方面。

1. 供应过程

在供应过程中,企业以货币资金购买生产所需的各种材料。通过供应过程,流动资金从货币资金形态转变为储备资金形态。

2. 生产过程

生产过程是工业企业经营活动的中心环节。这个过程是从材料投入生产开始到产品制成为止的产品制造过程。经过这一过程,企业的资金即由原来的储备资金转化为在产品形式的生产资金。

同时,在生产过程中,一部分货币资金由于支付职工的工资和其他生产费用而转化为在产品,成为生产资金。此外,厂房、机器设备等固定资产在使用时会磨损,这部分磨损的价值即折旧,转移到在产品的价值中,也构成生产资金的一部分。生产过程结束时,在产品制成为产成品,生产资金转变为成品资金。

3. 销售过程

在销售过程中,企业将产品销售出去,完成其价值的实现。通过销售过程,成品资金转变为货币资金。

综上所述,工业企业的资金运动从资金的投入开始,经历供应、生产、销售三个环节,从货币资金形态出发,经过储备资金、生产资金、成品资金形态,最终又回到货币资金形态,这一过程称为资金循环。由于再生产过程不断进行而引起的连续不断的资金循环,称为资金周转。工业企业资金在向国家交税、分配股利和利润、归还借款时退出企业。

二、会计要素的概念和内容

(一) 会计要素的含义

会计要素是对会计对象进行的基本分类,是会计对象的具体化,是反映会计主体的财务状况和经营成果的基本单位。我国于 2007 年 1 月 1 日起施行的《企业会计准则——基本准则》中规定了六项会计要素,即资产、负债、所有者权益、收入、费用和利润。

(二) 会计要素的内容

1. 资产

资产是指企业过去的交易或者事项形成的、由企业拥有或者控制的、预期能为企业带来经济利益的资源。资产具有以下几个方面的基本特征。

(1) 资产由企业过去的交易或者事项所形成

作为企业的资产必须是现实的而不是未来的、预期的资产。只有过去发生的交易或者事项才能增加或者减少企业的资产。如企业将在一个月后购入原材料,购买行为尚未发生,企业不能因此而确认存货资产。

(2) 资产由企业拥有或控制

会计不是计量所有的资源,而仅计量会计主体拥有或控制下的资源。其中,拥有是指拥有该项资产的所有权;控制是指虽然没有所有权,但是该项资产的收益和风险已经由本企业承担,本企业有支配使用权,如企业融资租入的固定资产。

(3) 资产预期能为企业带来经济利益

资产具有直接或间接地产生现金和现金等价物流入企业的潜力。如企业取得的专利权是无形资产,可以通过出售或让渡使用权给企业带来经济利益。如果某项目预期不能够为企业带来经济利益,就不能确认为资产。如库存产品变质,通过出售不仅无法给企业带来经济利益,反而有可能需要企业花费成本进行处置。

企业的资产按其流动性的不同分为流动资产和非流动资产两大类,如图 1-2 所示。流动资产是指在一年或者超过一年的一个营业周期内变现或耗用的资产;非流动资产是指流动资产以外的资产。

2. 负债

负债是指企业过去的交易或者事项形成的、预期会导致经济利益流出企业的现时义务。

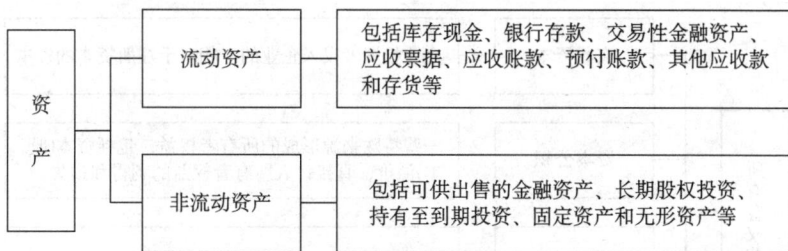

图 1-2 资产分类

负债具有以下几个方面的基本特征。

（1）负债由企业过去的交易或事项所形成

也就是说，企业预期在将来要发生的交易或事项可能产生的债务，不能作为会计上的负债处理，如未来的赊销不会形成现时的负债。

（2）负债是企业承担的现时义务

现时义务是指企业在现行条件下已承担的义务。一般情况下，过去的交易或者事项产生的义务都是现时义务。

（3）负债的清偿预期会导致经济利益流出企业

这是负债的实质所在。需要说明的是，经济利益流出的形式并不局限于货币资金，也存在以其他资产或提供劳务等方式偿还。如预收货款形成的负债，一般需要以产品来偿还。

负债按其流动性的不同分为流动负债和非流动负债，如图 1-3 所示。流动负债是指将在一年或者超过一年的一个营业周期内偿还的债务；非流动负债是指偿还期在一年或超过一年的一个营业周期以上的债务。

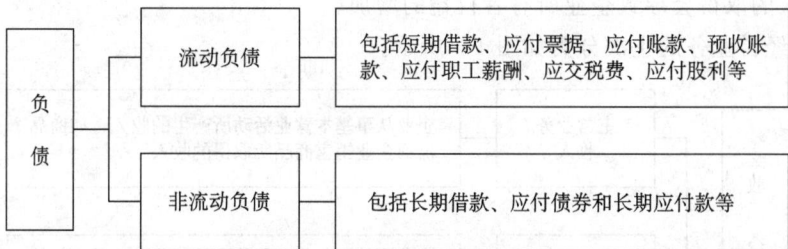

图 1-3 负债分类

3. 所有者权益

所有者权益是指企业资产扣除负债后由所有者享有的剩余权益，又称为股东权益。所有者权益具有以下几个基本特征。

① 一般情况下，企业不需要偿还所有者权益，投资者不得中途随意抽回资本。

② 企业清算时，清偿负债后，才能将净资产返还给所有者。

③ 所有者可以参与企业的利润分配。

所有者权益的构成如图 1-4 所示。

4. 收入

收入是指企业在日常活动中形成的、会导致所有者权益增加的、与所有者投入资本无关的经济利益的总流入。收入包括销售商品收入、提供劳务收入、让渡资产使用权的收入等。

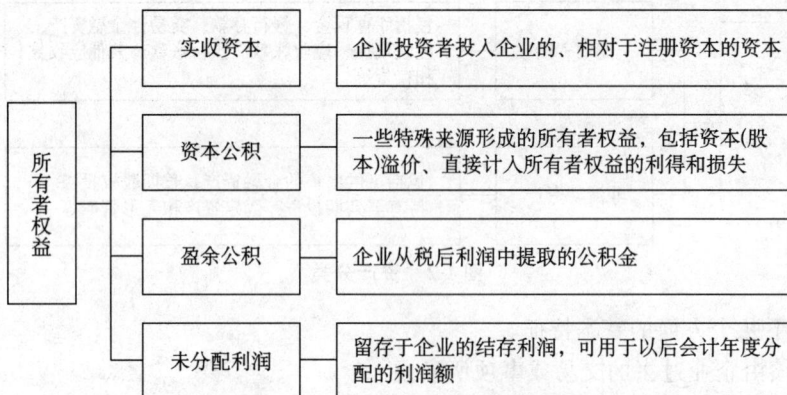

图 1-4   所有者权益的构成

收入具有以下几个基本特征。

（1）收入是企业在日常活动中产生的

日常活动是指企业为完成其经营目的而从事的经常性活动以及与之相关的活动，如销售产品、提供劳务等。那些偶然发生的交易或事项带来的经济利益不属于收入，如处置固定资产所取得的收益不作为收入，而应当计入利得。

（2）收入会带来企业经济利益的流入

企业经济利益的流入不包括所有者投入的资本，不包括为第三方或为客户代收的款项。

（3）收入能导致企业所有者权益的增加

收入会引起资产增加或负债减少，而所有者权益从数量上体现为资产扣除负债后的余额，因此收入的取得会导致企业所有者权益的增加。

收入按经营业务的主次分类如图 1-5 所示。

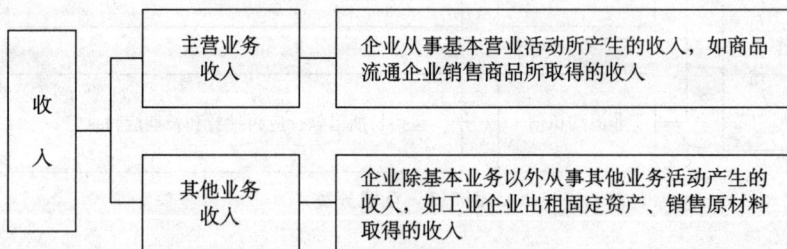

图 1-5   收入按经营业务的主次分类

5. 费用

费用是指企业在日常活动中发生的、会导致所有者权益减少的、与向所有者分配利润无关的经济利益的总流出。根据费用的定义，费用具有以下几个基本特征。

（1）费用是企业在日常活动中产生的

对于偶然发生的交易或事项产生的经济利益流出不属于费用，如处置固定资产所取得的净损失不作为费用，而称为损失，计入营业外支出。

（2）费用会导致企业经济利益的流出

该流出不包括向所有者分配的利润。如企业分派现金股利，这项流出不应视为费用，而属于所有者权益抵减项目。

（3）费用会导致企业所有者权益减少

费用可能表现为资产的减少，或负债的增加，或者兼而有之。根据所有者权益等于资产扣除负债后的余额，企业发生费用一定能减少所有者权益。

费用按照归属不同，可分为营业成本和期间费用。营业成本是指销售商品或提供劳务的成本；期间费用是指不计入产品生产成本、直接计入发生当期损益的费用。具体的费用分类如图1-6所示。

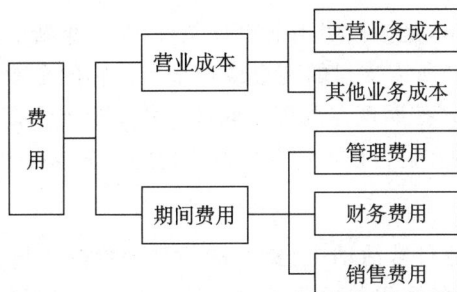

```
                          ┌─ 主营业务成本
              ┌─ 营业成本 ─┤
              │           └─ 其他业务成本
     费                   
     用                   ┌─ 管理费用
              │           │
              └─ 期间费用 ─┼─ 财务费用
                          │
                          └─ 销售费用
```

图1-6　费用分类

6. 利润

利润是指企业在一定会计期间的经营成果。利润包括收入减去费用后的净额、直接计入当期利润的利得和损失等。直接计入当期利润的利得和损失，是指应当计入当期损益、会导致所有者权益发生增减变动的、与所有者投入资本或者向所有者分配利润无关的利得或者损失。利润金额取决于收入和费用、直接计入当期利润的利得和损失金额的计量。

利润一般包括营业利润、利润总额和净利润三个层次。三者的关系用等式表示如下：

利润总额＝营业利润＋直接计入当期利润的利得－直接计入当期利润的损失

净利润＝利润总额－所得税费用

> 资产、负债和所有者权益表现了资金运动相对静止的状态，是反映企业财务状况的会计要素。收入、费用和利润表现了资金运动的变动状态，是反映企业经营成果的会计要素。

三、会计要素的计量

会计通常被认为是一个对会计要素进行确认、计量和报告的过程，其中，会计计量在会计确认和报告之间起着重要作用。会计计量基础，又称会计计量属性，是指用货币对会计要素进行计量时的标准。根据我国《企业会计准则——基本准则》的规定，会计计量属性主要有历史成本、重置成本、可变现净值、现值和公允价值。

1. 历史成本

历史成本又称原始成本,是指以取得资产时实际发生的成本作为资产的入账价值。

在历史成本计量下,资产按照购置时支付的现金或现金等价物的金额,或者按照购置资产时所付出的对价的公允价值计量。负债按照因承担现时义务而实际收到的款项或者资产的金额,或者承担现时义务的合同金额,或者按照日常活动中为偿还负债预期需要支付的现金或者现金等价物的金额计量。

2. 重置成本

重置成本又称现行成本,是指按照当前市场条件,企业重新取得与其所拥有的某项资产相同或与其功能相当的资产所需支付的现金或现金等价物的金额。

在重置成本计量下,资产按照现在购买相同或者相似资产所需支付的现金或者现金等价物的金额计量。负债按照现在偿付该项债务所需支付的现金或者现金等价物的金额计量。

3. 可变现净值

可变现净值是指在企业日常活动中,资产的估计售价减去该资产至完工时估计将要发生的成本、估计的销售费用以及相关税费后的金额。在可变现净值计量下,资产按照其正常对外销售所能收到现金或者现金等价物的金额扣减该资产至完工时估计将要发生的成本、估计的销售费用以及相关税费后的金额计量。

4. 现值

现值是指资产或负债形成的未来现金流量的折现价值。在现值计量下,资产按照预计从其持续使用和最终处置中所产生的未来净现金流入量的折现金额计量;负债按照预计期限内需要偿还的未来净现金流出量的折现金额计量。

5. 公允价值

公允价值是指在公平交易中,熟悉情况的交易双方自愿进行资产交换或者债务清偿的金额。在公允价值计量下,资产和负债按照在公平交易中,熟悉情况的交易双方自愿进行资产交换或者债务清偿的金额计量。

《企业会计准则——基本准则》第四十三条规定:"企业在对会计要素进行计量时,一般应当采用历史成本,采用重置成本、可变现净值、现值、公允价值计量的,应当保证所确定的会计要素金额能够取得并可靠计量。"这是对会计计量属性选择的一种限定性条件,一般应当采用历史成本,如果要用其他计量属性,必须保证金额能够取得并可靠计量。

知识四　会计等式

定义

会计等式也称为会计平衡公式、会计恒等式,是用数学方程来描述会计要素之间相互关系的一种表达式。

一、基本会计等式

基本会计等式如下：

$$资产＝负债＋所有者权益$$

企业的资金占用(资产)，从其资金来源上讲不外乎两种情况，一种是来自于企业所有者的投入(所有者权益)；另一种是来自于对外的借款和欠款(负债)。资产体现的是企业资金的具体占用形式，而负债和所有者权益反映的是企业资金的来源。基本会计等式揭示了企业资金的两个不同方面，因此其必然相等。

基本会计等式既表明企业在一定时点上资金运动的相对静止状态，也表明资产(资金占用)及其结构与负债和所有者权益(资金来源)及其结构的状况。下面通过例题来理解基本会计等式。

例 1-1

假设 A 公司 2010 年 1 月 1 日成立。出资人向 A 公司投入资产 100 万元，其中，现金 4 万元，原材料 20 万元，房屋和机器设备 76 万元。A 公司成立的同时向银行借入短期借款 40 万元，存入公司银行存款户。此时，A 公司的资产(资金占用)与负债和所有者权益(资金来源)是平衡相等的，如表 1-1 所示。

表 1-1　基本会计等式示例　　　　　　　　　　　　　　单位:元

资金占用	金　额	资金来源	金　额
资产:		负债:	
库存现金	40 000	短期借款	400 000
银行存款	400 000		
原材料	200 000	所有者权益:	
固定资产	760 000	实收资本	1 000 000
合　计	1 400 000	合　计	1 400 000

二、扩展会计等式

企业通过接受投资和举债筹集资金、购置资产等，其目的是通过经营活动来获取经济利益，在这个过程中就必然会取得营运收入，同时发生耗费。收入大于费用的差额是利润，如果收入小于费用就是亏损。从动态来观察，扩展会计等式可以表现如下：

$$收入－费用＝利润$$

这一会计等式反映某一会计期间企业的经营成果。需要说明的是，这里的"收入"和"费用"属于广义的收入与费用。

企业在生产过程中，一方面，取得收入，并因此增加资产或减少负债；另一方面，要发生各种费用，并因此减少资产或增加负债。利润就是资产流入与流出的结果，必然带来所有者权益的增加。因此，企业经营的任何时点都存在如下会计等式：

$$资产＝负债＋所有者权益＋(收入－费用)$$

到了会计期末,企业将收入和费用相配比,计算出利润(或亏损)后,按规定程序进行分配,剩余的全部归入所有者权益。这样会计等式又恢复为:

$$资产＝负债＋所有者权益$$

> 从形式上看,会计等式反映了会计对象的具体内容即会计要素之间的内在联系;从实质上看,会计等式揭示了会计主体的产权关系和基本财务状况。它是设置账户、复式记账和编制财务报表的理论基础。

例 1-2

承例 1-1,假设 A 公司 1 月取得收入 12 万元,其中收到现金和银行存款各 6 万元。费用全部是原材料耗费,共 7 万元。公司没有发生与负债有关的业务。此时,公司的资产为 145(140＋12－7)万元,则会计等式分别如下:

$$收入－费用＝利润$$
$$120\ 000－70\ 000＝50\ 000(元)$$
$$资产＝负债＋所有者权益＋(收入－费用)$$
$$1450\ 000＝400\ 000＋1\ 000\ 000＋(120\ 000－70\ 000)$$

根据 A 公司 1 月的经营情况,编制 1 月的资产负债表简表进行说明,如表 1-2 所示。

表 1-2　资产负债表简表

编制单位:A 公司　　　　　　　　2010 年 1 月 31 日　　　　　　　　单位:元

资　产	金　额	负债和所有者权益	金　额
库存现金	(40 000＋60 000)100 000	短期借款	400 000
银行存款	(400 000＋60 000)460 000	实收资本	1 000 000
原材料	(200 000－70 000)130 000	利润	50 000
固定资产	760 000		
合　计	1 450 000	合　计	1 450 000

三、经济业务对会计等式的影响

> 企业在生产经营过程中,不断地发生各种经济业务。随着经济业务的发生,必然会引起会计要素发生增减变化,但无论怎样变化,都不会破坏会计等式的平衡关系。

依据"资产＝负债＋所有者权益"的基本会计等式,经济业务对会计等式的影响不外乎以下四种情况。

1. 引起等式两边会计要素同时增加

具体包括以下两种形式。

① 资产和负债等额增加。例如,企业从银行取得借款。

② 资产和所有者权益等额增加。例如,投资者向企业投入资金。

2. 引起等式两边会计要素同时减少

具体包括以下两种形式。

① 资产和负债等额减少。例如,企业以银行存款归还银行借款。

② 资产和所有者权益等额减少。例如,企业按照规定减资。

3. 只引起等式左边会计要素发生增减变动

经济业务发生后,只引起资产项目金额发生增减变动,且增减数额相等,最终会计等式的总额不会发生变动。例如,从银行提取现金,以银行存款购买原材料等。

4. 只引起等式右边会计要素发生增减变动

具体包括以下四种形式。

① 负债项目一增一减。例如,企业用银行借款直接偿还所欠供应商的货款。

② 所有者权益项目一增一减。例如,企业用盈余公积转增资本。

③ 负债减少和所有者权益增加。例如,经债权人同意将欠债转为对企业的股权投资。

④ 负债增加和所有者权益减少。例如,企业对外宣告发放现金股利。

同步训练

训练一 熟悉会计的内涵与基本职能

【训练要求】选出以下各题中唯一的正确选项,并将正确选项的序号填在括号内。

1. 会计的基本职能是( )。

    A. 预测与决策   B. 控制与分析   C. 核算与监督   D. 计算与考核

2. 会计核算总的主要计量单位是( )。

    A. 实物度量   B. 货币度量   C. 劳动度量   D. 时间度量

3. 会计反映职能的特点不包括( )。

    A. 完整性   B. 主观性   C. 连续性   D. 系统性

4. 会计对象的具体化,可称为( )。

    A. 会计科目   B. 会计要素   C. 账户   D. 经济业务

5. 所有者权益是指所有者在企业资产中享有的经济利益,其金额为( )后的金额。

    A. 收入减去费用   B. 资产减去费用   C. 资产减去负债   D. 收入减去负债

6. 流动资产一般是指那些在( )变现或者耗用的资产。

    A. 一年   B. 一年内或超过一年的一个营业周期内

    C. 两年   D. 两年以上

7. 利润是企业在一定会计期间的经营成果,其数量等于(　　　)的差额。

    A. 收入减去费用　　　B. 资产减去负债　　　C. 资产减去费用　　　D. 收入减去负债

8. 会计等式明确表达了(　　　)之间的数量关系。

    A. 会计科目　　　　　B. 会计要素　　　　　C. 会计账户　　　　　D. 会计主体

9. 基本会计等式是(　　　)。

    A. 资产＝权益

    B. 资产＝负债＋所有者权益＋(收入－费用)

    C. 资产＝负债＋所有者权益

    D. 收入－费用＝利润

10. 经济业务发生后,会计等式的平衡关系(　　　)。

    A. 可能会被破坏　　　B. 不会受影响　　　C. 可能会受影响　　　D. 会受影响

训练二　界定会计要素

【训练要求】根据表 1-3 中给定的资料,①将金额填入表中对应的会计要素栏;②合计各会计要素的金额,检查资产与负债及所有者权益合计是否相等。

表 1-3　某企业年初资产、负债及所有者权益项目及金额　　　　单位:元

项　目	金　额	资　产	负　债	所有者权益
库存现金	5 000			
存放在银行的款项	180 000			
库存生产用材料	240 000			
库存待销的产品	150 000			
机器设备	200 000			
房屋建筑物	500 000			
投资人投入资本	800 000			
向银行借入一年期限的借款	200 000			
向银行借入三年期限的借款	350 000			
销售产品尚未收回的款项	250 000			
企业应付未付的职工工资	50 000			
上年应交未交税金	45 000			
欠供货单位货款	110 000			
运输车辆	180 000			
接受国家投资	150 000			
合　计				

训练三　验证会计等式恒等性

【训练要求】在表 1-4 中给定的某企业年初资料的基础上,逐笔说明本期发生的经济业务对基本会计等式的影响,并填入表 1-5 中。

表1-4 某企业有关项目年初资料 单位:元

资 产	金 额	负债和所有者权益	金 额
库存现金	5 000	短期借款	200 000
银行存款	180 000	应付账款	110 000
原材料	240 000	应交税费	45 000
库存商品	150 000	长期借款	350 000
应收账款	250 000	实收资本	950 000
固定资产	880 000	盈余公积	50 000
合 计	1 705 000	合 计	1 705 000

该企业1月发生如下经济业务。

① 收回某单位前欠货款200 000元,存入银行。

② 以银行存款交纳上年未交税金45 000元。

③ 收到A公司投入机器设备一套,评估确认价100 000元。

④ 将盈余公积50 000元转增资本金。

⑤ 以银行存款偿还短期借款100 000元。

⑥ 取得短期借款150 000元,归还已到期的长期借款。

⑦ 购进材料80 000元,款项暂欠。

⑧ 以银行存款偿还上月欠外单位货款80 000元。

表1-5 某企业有关项目变动金额 单位:元

资 产				负债和所有者权益			
项 目	本期增加额	本期减少额	期末余额	项 目	本期增加额	本期减少额	期末余额
库存现金				短期借款			
银行存款				应付账款			
原材料				应交税费			
库存商品				长期借款			
应收账款				实收资本			
固定资产				盈余公积			
合 计				合 计			

任务二

设定会计核算基础

定义

会计核算是指以货币为主要计量单位,通过确认、计量、记录、报告等环节,对会计对象进行全面、连续、系统、综合的记账、算账和报账,为有关各方提供会计信息的具体管理活动。

会计核算的对象是资金运动,而在市场经济条件下,经济活动的复杂性决定了资金运动也是一个复杂的过程。因此,摆在会计人员面前的一系列问题必须首先得到解决。例如,会计核算的范围有多大,为谁核算?会计核算的资金运动能否持续不断地进行下去?会计应该在什么时候记账、算账和报账?在核算过程中采用什么计量手段?这些都是进行会计核算工作的前提条件。

学习引导

知识一　会计核算的基本前提

定义

会计核算的基本前提是会计机构和会计人员在进行会计核算时必须依据的先决条件,包括会计主体、持续经营、会计分期、货币计量。

会计核算的基本前提是对会计核算所处的时间、空间环境等所做的合理设定。会计核算对象的确定、会计方法的选择、会计数据的搜集都要以这一系列的前提为依据。会计核算的基本前提是人们在长期的会计实践中逐步认识和总结形成的,因此都是以合理推断或人为的规定而做出的,所以也称为会计假设。

一、会计主体

会计主体也称为会计实体、会计个体,是指会计工作为其服务的特定单位。会计主体假设的意义在于明确了会计反映和监督的空间范围。会计主体可以是独立法人,也可以是非法人;可以是一个企业,也可以是企业内部的某个特定组成部分;可以是单一企业,也可以是由几个企业组成的企业集团。

明确会计主体,才能划定会计所要处理的经济活动的范围。以企业为例,会计只记录企业的经济活动,而不包括企业所有者的经济活动,也不包括其他企业的经济活动。

会计主体不同于法律主体。一般来说,法律主体往往是一个会计主体,但会计主体不一定是法律主体。在我国,企业的组织形式有独资、合伙、有限责任公司等,它们作为企业单位都是一个会计主体,但独资、合伙形式的企业不具有法人资格,因而不是法律主体。

二、持续经营

持续经营是指在可以预见的将来，企业将会按当前的规模和状态继续经营下去，不会停业，也不会大规模削减业务。在持续经营的前提下，会计确认、计量和报告应当以企业持续、正常的生产经营活动为前提。在此基本假设下，意味着会计主体将按照既定用途使用资产，按照既定的合约条件清偿债务，会计人员可以在此基础上选择会计政策和估计方法，进行会计核算。

持续经营假设最主要的意义在于使会计建立在非清算基础上，从而解决了资产的计价、分类以及收入、费用的确认等问题。例如，在持续经营假设下，对固定资产按历史成本计价，通过折旧，将固定资产价值分摊到各个会计期间或相关产品的成本中；在清算条件下，固定资产必须按实际变现价值计算，不再计提折旧。

由于持续经营是根据企业发展的一般情况所做的设定，企业在生产经营过程中缩减经营规模乃至停业的可能性总是存在的。为此，往往要求定期对企业持续经营这一前提做出分析和判断。一旦判定企业不符合持续经营前提，就应当改变会计核算的方法。

持续经营假设与会计主体假设有密切联系。持续经营假设规定了会计反映和监督的时间范围。

三、会计分期

会计分期是指将一个企业持续经营的生产经营活动划分为若干连续的、长短相同的期间。会计分期的目的在于通过会计期间的划分，将持续经营的生产经营活动划分成连续、相等的期间，据以结算盈亏，按期编制财务会计报告，从而及时向会计信息使用者提供有关企业财务状况、经营成果和现金流量的信息。

在会计分期假设下，企业应当划分会计期间，分期结算账户和编制财务报告。会计期间通常为一年，叫做会计年度。会计年度有不同的划分方法，可以是公历年度，也可以是以某个月份为终止的营业年度。

在我国，会计年度自公历每年 1 月 1 日至 12 月 31 日止。会计期间通常分为年度和中期。中期是指短于一个完整的会计年度的报告期间。一般来说，中期包括月、季度和半年。

会计分期假设界定了会计信息的时间长度，是对持续经营假设的一个补充。由于会计分期，才产生了本期与非本期的差别，从而出现权责发生制和收付实现制这两种不同的会计记账基础,进而出现了折旧、摊销等会计处理方法。

四、货币计量

货币计量是指在会计核算中,以货币作为主要计量单位来记录和反映企业的经营活动。在会计的确认、计量和报告过程中之所以选择货币为基础进行计量,是由货币的自身属性决定的。在市场经济条件下,货币充当了一般等价物,企业的经济活动最终体现为货币量,所以选择货币作为计量单位进行会计核算。

实际上货币计量假设中还含有币值不变的前提,即按国际会计惯例,当货币所代表的价值波动不大,或者前后波动能够相互抵消时,在会计核算中可以不考虑这种变化因素。

会计核算的基本前提虽然是人为规定的,但完全是出于客观需要,有充分的必要性。会计主体、持续经营、会计分期、货币计量这四项基本前提,具有相互依存、相互补充的关系,缺一不可,共同为会计核算工作的开展提供了条件。

> 在我国,要求采用人民币作为记账本位币。业务收支以外币为主的企业,也可选定某种外币作为记账本位币,但编制的财务会计报表应当折算为人民币反映。记账本位币是指日常登记会计账簿和编制财务会计报表时用于计量的货币。

知识二   会计记账基础

> 我国《企业会计准则——基本准则》明确要求,企业应当以权责发生制为基础进行会计确认、计量和报告。

在实务中,企业交易或者事项的发生与相关货币资金收支的时间往往并不一致。例如,本月销售的商品,下月才能收到货款;年初一次性预付了全年的财产保险费。由于持续经营假设和会计分期假设的存在,表现为企业交易或者事项的发生与相关货币资金收支不在同一个会计期间出现,这就产生了如何确认、计量和报告会计期间的收入与费用问题,也就是会计的记账基础问题。对此问题有两种具体的处理方法，一种是权责发生制；另一种是收付实现制。

一、权责发生制

我国《企业会计制度》规定，企业会计确认、计量和报告应以权责发生制为基础。

权责发生制又称应收应付制或应计制，它是按照权利和责任是否转移或发生来确认收入和费用归属期间的制度。权责发生制的基本要求是，凡是应属本期的收入和费用，不论其款项是否实际收到或付出，都应当作为本期的收入和费用入账；反之，凡不属于本期的收入和费用，即使本期已收到款项或付出款项，都不应当作为本期的收入和费用入账。

例如，企业本月销售一批商品，购货单位承诺下月付款。在权责发生制下，虽然本月没有收到货款，但由于销售业务已经完成，销售收入即确认实现，因此在会计核算中必须将该笔销售款计入本月收入。当下月实际收到款项时，尽管企业的货币资金增加，但不计收入增加。再如，企业年初一次性预付了全年的财产保险费。虽然款项是在1月支付的，但在权责发生制下，不能将全部费用计入该月，而必须分摊计入全年各月的费用中。

二、收付实现制

收付实现制又称现收现付制或现金制，它是以实际收到或支付款项为依据来确认收入和费用归属期间的制度。收付实现制的基本要求是，凡是本期收到和支付的款项，都应当作为本期的收入和费用入账；反之，凡本期未实际收到和支付的款项，都不应当作为本期的收入和费用入账。

在收付实现制下，企业本月发生销售业务，但下月才能收到货款，就应该计入下月收入；企业在哪个会计期间实际支付财产保险费，就应全额计入该会计期间的费用之中。

目前，我国的政府部门、非营利组织及事业单位的非经营业务会计采用收付实现制。

权责发生制和收付实现制的记账基础各有特点，其比较如表1-6所示。

表1-6　记账基础的比较

项　目	权责发生制	收付实现制
优点	各个会计期间的收入和费用能够合理配比，能正确计算出各期的经营成果	会计记录比较直观，核算手续相对简单
缺点	企业需在会计期末对各项跨期收支做出调整，因此核算手续比较复杂	各个会计期间的收入和费用缺乏合理的配比，不能正确计算各期的经营成果
适用范围	企业	除经营业务外的大部分行政单位、事业单位

知识三　会计信息的质量要求

> 会计信息是决策者进行决策的重要依据之一,会计信息的质量直接关系到决策者的决策及其实施后果。

提高会计信息的质量和透明度,是法律、行政法规和会计国际化的要求,也是市场经济发展的需要。《企业会计准则——基本准则》中具体规定了八项会计核算的信息质量要求,以更好地服务会计信息使用者。

一、客观性

客观性要求企业应当以实际发生的交易或者事项为依据进行会计确认、计量和报告,如实反映符合确认和计量要求的各项会计要素及其他相关信息,保证会计信息真实可靠、内容完整。客观性是对会计信息的基本质量要求,这对于国家宏观管理、投资者决策以及企业内部管理都有着重要意义。为了贯彻客观性要求,企业应当做到:

① 以实际发生的交易或者事项为依据进行确认、计量和报告,不能以虚构的、没有发生的或者尚未发生的交易或者事项进行确认、计量和报告。

② 在符合重要性和成本效益原则的前提下,保证会计信息的完整性,与使用者决策相关的有用信息都应当充分披露。

二、相关性

相关性要求企业提供的会计信息应当与财务会计报告使用者的经济决策需要相关,有助于财务会计报告使用者对企业过去、现在或者未来的情况做出评价或者预测。

充分发挥会计信息的作用,就必须使所提供的会计信息与会计信息使用者的要求相协调,充分考虑使用者的决策模式和信息需要。例如,区分流动资产和非流动资产、流动负债和非流动负债以及适度引入公允价值等,都可以提高会计信息的预测价值,进而提升会计信息的相关性。

三、明晰性

明晰性要求企业提供的会计信息应当清晰明了,以便于财务会计报告使用者理解和使用。企业编制财务报告、提供会计信息的目的在于使用,而使用者要有效使用会计信息,就必须了解会计信息的内涵,明确会计信息的内容,否则信息对决策无任何用处。

会计信息是否被使用者理解,不仅取决于信息本身是否易懂,也取决于使用者理解信息的能力。因此,会计人员应尽可能传递易被人理解的会计信息,而使用者也应增强理解会计信息的能力。

四、可比性

可比性要求企业提供的会计信息应当具有可比性。企业的会计核算要按照规定的会计处理方法进行,会计指标应当口径一致,相互可比。

可比性具体包括纵向可比和横向可比两方面。

1. 纵向可比

纵向可比是指同一企业不同时期发生的相同或者相似的交易或者事项,应当采用一致的会计政策,不得随意变更。确需变更的,应当在财务报表的附注中说明。

2. 横向可比

横向可比是指不同企业发生的相同或者相似的交易或者事项,应当采用规定的会计政策,确保会计信息口径一致,相互可比。

五、实质重于形式

实质重于形式要求企业应当按照交易或者事项的经济实质进行会计确认、计量和报告,不应仅以交易或者事项的法律形式为依据。

在实际工作中,有时企业发生的交易或事项的经济实质和法律形式不一致。例如,企业以融资租赁方式租入的大型设备,从法律形式来说企业并不拥有其所有权。由于租赁合同中规定的租赁期接近于该设备的使用寿命,租赁期结束时承租企业有优先购买该资产的选择权,在租赁期内承租企业有权支配该设备并从中受益,因此,从其经济实质来看,该设备就是承租企业的一项资产。以实质重于形式为依据,在会计核算上应视同承租企业的自有资产管理,分期提取折旧,并且将该项资产在资产负债表中反映。

六、重要性

重要性要求企业提供的会计信息应当反映与企业财务状况、经营成果和现金流量等有关的所有重要交易或者事项。具体来说,对于重要的经济业务,应单独核算,分项反映,力求准确,并在财务报告中重点说明;对于不重要的经济业务,在不影响会计信息真实性的情况下,可适当简化会计核算和报告手续,合并反映。

在实际工作中,如果会计信息的省略或者错报会影响使用者据此做出决策的,该信息就具有重要性。重要与否是相对而言的,因此,重要性的应用需要依赖会计人员的职业判断,企业应当根据其所处环境和实际情况,从项目的性质和金额大小两方面加以判断。

七、谨慎性

谨慎性要求企业对交易或者事项进行的会计确认、计量和报告应当保持应有的谨慎，不应高估资产或者收益，不应低估负债或者费用。会计信息质量的谨慎性原则，要求企业充分估计到各种风险和损失，在处理不确定性经济业务时，合理预计可能发生的损失和费用。

在市场经济环境下，企业的生产经营活动面临着许多风险和不确定性，如应收款项的可收回性、售出商品可能发生的退货或者返修等。为了避免一旦发生损失会给企业正常生产经营造成严重影响，对于上述两种情况，前者应该计提坏账准备，后者应将售出商品所提供的质量保证确认一项预计负债。这样处理体现的就是谨慎性原则的要求。

如果企业故意低估资产或者收益，或故意高估负债或者费用，将不符合会计信息的客观性和相关性要求，损害会计信息质量，从而对使用者的决策产生误导，这是会计准则所不允许的。

八、及时性

及时性要求企业对于已经发生的交易或者事项，应当及时进行会计确认、计量和报告，不得提前或者延后。即使是可靠、相关的会计信息，如果不及时提供，对于使用者的效用会大大降低，甚至不具有任何意义。

在会计确认、计量和报告过程中贯彻及时性，一是要求及时收集会计信息，即在经济交易或者事项发生后，及时收集整理各种原始单据或者凭证；二是要求及时处理会计信息，即按照会计准则的规定，及时对经济交易或者事项进行确认或者计量，并编制出财务报表；三是要求及时传递会计信息，即按照国家规定的有关时限，及时地将编制的财务报告传递给财务报告使用者，便于其及时使用和决策。

知识四　会计核算方法

> **定义**
>
> 　　会计核算方法是对各单位已经发生的经济活动进行连续、系统、完整的反映和监督所应用的方法。

会计经过漫长的发展历史，已发展成一门技术性较强的应用型学科，其技术性主要体现在各种会计方法及其运用上。这里的会计方法主要指会计工作方法。会计工作方法可以分为会计核算方法、会计分析方法、会计预测方法、会计决策方法和会计控制方法。

会计核算方法是最基本的方法，而其他会计方法是在此基础上的进一步扩展、延伸和运用。

会计核算方法具体由七种方法构成,分别是:设置会计科目和账户、复式记账、填制和审核会计凭证、登记账簿、成本计算、财产清查、编制财务报表。

一、设置会计科目和账户

会计科目是对会计要素的具体内容进行分类核算所规定的项目。设置会计科目是指根据会计要素的具体内容和经济管理要求,事先规定核算的项目。账户是根据会计科目在账簿中开设的记账单元。将会计对象的具体内容划分为若干项目,即设置若干账户,可以使所设置的账户既有分工又有联系地反映整个会计对象的内容,提供管理所需的各种信息。

二、复式记账

复式记账是指对所发生的每项经济业务,以相等的金额,同时在两个或两个以上相互联系的账户中进行登记的一种记账方法。采用复式记账方法,可以了解每一笔经济业务的来龙去脉,而且可以防止差错和便于检查账簿记录的正确性与完整性,是一种比较科学的记账方法。

三、填制和审核会计凭证

填制和审核会计凭证是指为了审查经济业务是否合理、合法,保证账簿记录正确、完整而采用的一种专门方法。会计凭证是记录经济业务及明确经济责任的书面证明,是登记账簿的重要依据。

任何一项经济业务,都要由经办人员或有关单位填制凭证。所有凭证都要经过会计部门的审核,只有在合法、合规并正确的情况下,才能据以登记账簿。通过填制和审核会计凭证可以为经济管理提供真实可靠的会计信息。

四、登记账簿

登记账簿简称记账,是指在账簿中记录经济业务的一种专门方法。账簿是由一定格式的账页组成,用来全面、连续、系统、综合地记录各项经济业务的簿籍。登记账簿需要以审核无误的会计凭证为依据,利用复式记账的方法进行。账簿所提供的各种信息是编制财务报表的主要依据。

五、成本计算

成本计算是按照一定的对象和标准归集与分配生产经营过程中发生的各项费用,以计算、确定各个成本对象的总成本和单位成本的一种专门方法。它通常是指对工业产品进行的成本计算。通过成本计算,可以考核生产经营过程的费用支出水平及产品实际成本的高低。

六、财产清查

财产清查是指通过盘点实物,核对账目,以查明各项财产物资和资金实有数额的一种专门方法。为了保证会计信息真实、准确,必须定期或不定期地对企业各项财产物资、货币资金和债权债务进行盘点、核对。

通过财产清查,可以查明各项财产物资的保管和使用情况以及各种结算款项的执行情况。如果发现问题,应及时采取措施,进行清理和加强对财产物资的管理;同时,明确责任,调整账簿记录,做到账实相符。

七、编制财务报表

编制财务报表是定期以报表的形式总括反映企业经营活动和财务收支状况的专门方法。财务报表是对企业财务状况、经营成果和现金流量的结构性表述。编制财务报表是对日常会计核算资料的总结,它以账簿中的记录为依据,经过分类、整理和汇总,形成一套完整的核算指标,以供会计信息使用者进行决策。

以上会计核算的各种方法,相互联系,紧密配合,构成了一个完整的会计核算方法体系,如图 1-7 所示。对于日常所发生的经济业务,都要按规定的手续填制和审核凭证,按照设置的账户进行复式记账,并对生产经营过程中发生的费用进行成本计算;在财产清查、账实相符的基础上,根据账簿记录编制财务报表。

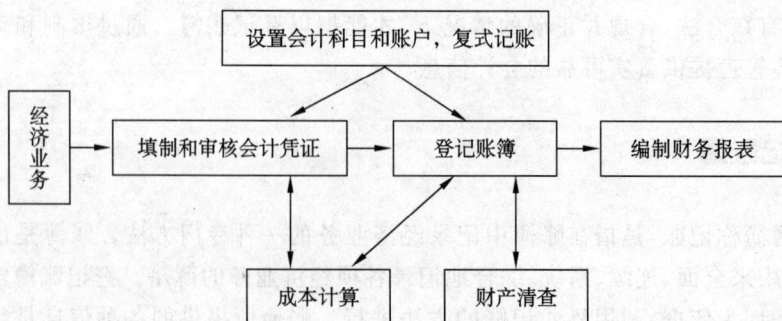

图 1-7　会计核算方法关系图

同步训练

训练一 熟悉会计核算的基本前提

【训练要求】选出以下各题中唯一的正确选项,并将正确选项的序号填在括号内。

1. 一般来说,会计主体与法律主体是( )。
    A. 有区别的　　　　B. 相互一致的　　　　C. 不相关的　　　　D. 相互替代的
2. 编制合并会计报表时,作为会计主体的是( )。
    A. 母公司　　　　　B. 子公司　　　　　　C. 企业集团　　　　D. 以上三项
3. 会计主体对会计工作范围从( )上进行了界定。
    A. 时间　　　　　　B. 空间　　　　　　　C. 内容　　　　　　D. 空间和时间
4. 界定会计信息时间段落的会计假设为( )。
    A. 会计主体　　　　B. 持续经营　　　　　C. 会计分期　　　　D. 破产清算
5. 下列不属于会计中期的是( )。
    A. 月　　　　　　　B. 季度　　　　　　　C. 半年　　　　　　D. 年
6. 产生权责发生制和收付实现制两种记账基础所依据的会计假设是( )。
    A. 会计主体　　　　B. 持续经营　　　　　C. 会计分期　　　　D. 货币计量

训练二 熟悉会计信息的质量要求

【训练要求】选出以下各题中唯一的正确选项,并将正确选项的序号填在括号内。

1. 经评估,企业有 5 万元应收账款无法收回,但没有确认记账,这违背了会计信息质量要求中的( )。
    A. 可比性　　　　　B. 明晰性　　　　　　C. 谨慎性　　　　　D. 重要性
2. 企业会计政策不得随意变更,体现了会计信息质量要求中的( )。
    A. 可比性　　　　　B. 客观性　　　　　　C. 谨慎性　　　　　D. 重要性
3. 会计信息应当便于财务会计报告使用者理解和使用,体现了会计信息质量要求中的( )。
    A. 客观性　　　　　B. 谨慎性　　　　　　C. 可比性　　　　　D. 明晰性
4. 承租企业确认融资租赁设备为资产是依据( )。
    A. 可比性　　　　　B. 客观性　　　　　　C. 重要性　　　　　D. 实质重于形式
5. 会计确认、计量和报告,不得提前或者延后,体现的是( )。
    A. 客观性　　　　　B. 谨慎性　　　　　　C. 及时性　　　　　D. 明晰性

训练三 运用权责发生制和收付实现制

【训练要求】根据下面给定的某公司的资料,按权责发生制和收付实现制确认与计算该公司 1 月的收入和费用,将计算结果填入表 1-7 中。

某公司本年 1 月发生下列经济业务。

① 销售产品 4 万元,货款 3 万元收存银行,余款未收到。

② 收到上年应收的销货款 2 万元。

③ 预收货款 8 万元,准备下月交货。

④ 支付上年水费、电费 1 万元。

⑤ 预付 1~6 月的租金 3 万元。

表 1-7　某公司 1 月的收入和费用确认　　　　　　　单位:元

业务号	权责发生制		收付实现制	
	收入	费用	收入	费用
①				
②				
③				
④				
⑤				
合计				

主题单元二

账户与复式记账

知识目标

- ▷ 会计科目
- ▷ 账户
- ▷ 复式记账
- ▷ 借贷记账法

训练目标

- ▷ 熟悉会计科目和账户
- ▷ 明确会计科目与账户的关系
- ▷ 掌握账户结构
- ▷ 编制会计分录
- ▷ 填制试算平衡表

任务一

设置会计科目和账户

> 会计科目和账户是两个概念,但在实际工作中,对两者并不严格区分,而是相互通用。可见,会计科目和账户存在密切联系。

会计科目是会计制度的重要组成部分,在实际工作中,会计科目是事先通过会计准则规定的。会计科目是设置账户,进行账务处理所必须遵循的规则和依据,是正确进行会计核算的一个重要条件。账户是根据会计科目开设的,会计科目就是账户的名称。

学习引导

知识一　会计科目

定义

> 会计科目是对会计要素的具体内容进行分类核算的项目。

会计对象的具体内容是会计要素,为了把会计要素及其增减变化进行正确的反映和监督,有必要对会计要素做进一步分类。例如,资产可以分为库存现金、银行存款等项目,负债可以分为短期借款、应付账款等项目。

会计科目是对会计要素的内容按照经济管理的要求进行具体分类核算和监督的项目,是设置账户、登记账簿、编制财务报表的依据。

一、设置会计科目的原则

企业应当按照《企业会计准则——基本准则》及《企业会计准则——应用指南》的规定,设置会计科目,进行账务处理。为了提供科学、完整、系统的会计信息,企业在设置会计科目时应遵循以下几条原则。

1. 满足会计信息使用者的需要

由于会计核算的目的是为会计信息使用者提供有用的信息资料，因此，要求设置的会计科目应兼顾企业内部和外部信息使用者的需要。

2. 统一性和灵活性相结合

设置会计科目必须符合国家统一的企业会计准则规定，同时应根据本企业的实际情况增设、分拆、合并会计科目。对不存在的交易或者事项，可以不设置相关的会计科目。

3. 结合会计对象核算的需要

不同行业经济业务核算的内容有所差异，企业应根据自身经济活动和经济业务的内容和特点，设置会计科目。

二、会计科目的分类

1. 会计科目按经济内容分类

会计科目按经济内容可分为资产类、负债类、共同类、所有者权益类、成本类和损益类六类，其中损益类科目又可以划分为收入和费用两类会计科目。参照《企业会计准则——应用指南》的规定，一般企业常用的会计科目如表 2-1 所示。

表 2-1　一般企业会计科目表

编　号	会计科目名称	编　号	会计科目名称
	一、资产类	1501	持有至到期投资
1001	库存现金	1502	持有至到期投资减值准备
1002	银行存款	1503	可供出售金融资产
1012	其他货币资金	1511	长期股权投资
1101	交易性金融资产	1512	长期股权投资减值准备
1121	应收票据	1531	长期应收款
1122	应收账款	1601	固定资产
1123	预付账款	1602	累计折旧
1131	应收股利	1603	固定资产减值准备
1132	应收利息	1604	在建工程
1221	其他应收款	1605	工程物资
1231	坏账准备	1606	固定资产清理
1401	材料采购	1701	无形资产
1402	在途物资	1702	累计摊销
1403	原材料	1703	无形资产减值准备
1404	材料成本差异	1711	商誉
1405	库存商品	1801	长期待摊费用
1406	发出商品	1811	递延所得税资产
1407	商品进销差价	1901	待处理财产损益
1408	委托加工物资		二、负债类
1411	周转材料	2001	短期借款
1471	存货跌价准备	2101	交易性金融负债

编　号	会计科目名称	编　号	会计科目名称
2201	应付票据	4104	利润分配
2202	应付账款	4201	库存股
2203	预收账款	五、成本类	
2211	应付职工薪酬	5001	生产成本
2221	应交税费	5101	制造费用
2231	应付利息	六、损益类	
2232	应付股利	6001	主营业务收入
2241	其他应付款	6051	其他业务收入
2501	长期借款	6101	公允价值变动损益
2502	应付债券	6111	投资收益
2701	长期应付款	6301	营业外收入
2901	递延所得税负债	6401	主营业务成本
三、共同类		6402	其他业务成本
3101	衍生工具	6403	营业税金及附加
3201	套期工具	6601	销售费用
3202	被套期项目	6602	管理费用
四、所有者权益类		6603	财务费用
4001	实收资本	6701	资产减值损失
4002	资本公积	6711	营业外支出
4101	盈余公积	6801	所得税费用
4103	本年利润	6901	以前年度损益调整

2. 会计科目按提供信息的详细程度分类

会计科目按其所提供信息的详细程度及其统驭关系不同,又分为总分类科目和明细分类科目。

总分类科目又称一级科目,是对会计要素具体内容进行总括分类,提供总括信息的会计科目,如"应收账款"、"原材料"、"固定资产"等科目。

明细分类科目又称明细科目,是对总分类科目做进一步分类,提供的会计信息更详细、更具体。明细科目按其提供指标的详细程度不同,可进一步划分为二级明细科目和三级明细科目。例如,在"原材料"总分类科目下,可按各种原材料的用途设置"原料及主要材料"、"辅助材料"等二级明细科目;在"原料及主要材料"二级明细科目下,又可按材料类别设置"角钢"、"方钢"等三级明细科目。

知识二　账户

定义

账户是用来分类记录经济业务,具有一定格式和结构,反映会计要素增减变动情况及其结果的载体。

一、账户设置的意义

账户设置是会计核算的重要方法之一。账户是根据会计科目开设的,两者之间既有联系又有区别。从联系上来说,会计科目和账户所反映的会计对象的具体内容是相同的。两者的区别有以下两点。

① 会计科目仅是账户的名称。账户具有一定的格式、结构,具体表现为若干账页。账户是用来记录经济业务的载体。

② 账户是根据会计科目开设的。会计科目是进行会计核算前事先确定的对经济业务分类核算的项目;账户是经济业务发生后,进行分类、连续登记的一种手段。

二、账户的基本结构

由于经济业务所引起的各项会计要素变动,从数量上看不外乎增加和减少两种情况,因此,用来记录经济业务的账户在结构上也分为两个部分,分别记录会计要素的增加额和减少额。

账户的基本结构分为左、右两方,一方登记增加额;另一方登记减少额。账户性质不同,登记增加额和减少额的方向会有所不同。账户的基本结构用 T 形结构表示,称为 T 形账户或"丁"字形账户,如图 2-1 所示。

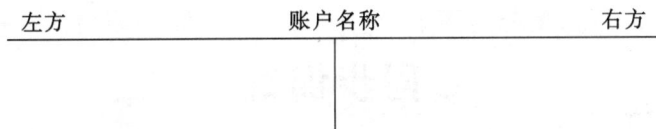

左方	账户名称	右方

图 2-1　账户的基本结构

账户结构的基本情况应包括下述内容:账户的名称,即会计科目;日期和凭证编号;摘要,简要说明经济业务内容;增加和减少的金额及余额。在实际工作中,账户是根据上述基本结构设置的具有专门格式的账簿,通常采用三栏式,如表 2-2 所示。

表 2-2

账户名称

年		凭证编号	摘　要	借方	贷方	余　　额
月	日					

经济业务发生后,在一定会计期间内,登记本期增加的金额称为本期增加发生额;登记本期减少的金额称为本期减少发生额;增减相抵后的差额,称为余额;本期的期末余额转至下期,即下一个会计期间的期初余额。其基本关系用公式表示如下:

本期期末余额＝本期期初余额＋本期增加发生额－本期减少发生额

三、账户的分类

为了正确地设置和运用账户,需要对账户进行分类。由于账户是根据会计科目设置的,会计科目的分类决定了账户的分类。

1. 账户按其所反映的经济内容分类

账户的经济内容是指账户反映的会计要素的具体内容。账户之间最本质的差别在于其反映的内容不同,这也就决定了账户的性质。根据账户所反映的经济内容,账户具体可分为资产类账户、负债类账户、所有者权益类账户、成本类账户、损益类账户和共同类账户。

2. 账户按其提供会计信息的详细程度分类

同会计科目分类一样,账户按其所反映会计要素具体内容的详细程度可分为总分类账户和明细分类账户。

总分类账户是按照总分类科目设置的,用来分类登记提供总括核算资料的账户,也称一级账户或总账账户,如"银行存款"、"原材料"、"固定资产"等账户。

明细分类账户是根据企业自身特点与经营管理需要在总分类账户基础上设置的,是总分类账户的必要补充。例如,在"应收账款"总分类账户下,可按购货单位的名称分别设置明细分类账户,以便掌握企业与购货单位之间的往来账款结算情况。

同步训练

训练一　熟悉会计科目和账户

【**训练要求**】选出以下各题中唯一的正确选项,并将正确选项的序号填在括号内。

1. 会计科目是对(　　)进行分类核算的项目。

    A. 会计要素　　　　　B. 会计账户　　　　　C. 会计对象　　　　　D. 经济业务

2. 会计账户是根据(　　)分别设置的。

    A. 经济业务　　　　　B. 会计对象　　　　　C. 会计科目　　　　　D. 会计要素

3. "实收资本"属于(　　)会计科目。

    A. 资产类　　　　　　B. 负债类　　　　　　C. 所有者权益类　　　D. 成本类

4. 下列账户中,属于损益类的是(　　)。

    A. 主营业务收入　　　B. 资本公积　　　　　C. 应收账款　　　　　D. 应付股利

5. "应交税费"属于(　　)会计科目。

    A. 所有者权益类　　　B. 资产类　　　　　　C. 负债类　　　　　　D. 损益类

6. 下列账户中,属于资产类的是(　　)。

    A. 利润分配　　　　　B. 应付账款　　　　　C. 应收票据　　　　　D. 管理费用

7. "制造费用"属于( )会计科目。

    A. 资产类   B. 负债类   C. 成本类   D. 损益类

8. 负债类账户余额反映的情况是( )。

    A. 负债的结存   B. 负债的增减变动

    C. 资产的结存   D. 负债的形成和补充

9. 会计科目与账户的本质区别在于( )。

    A. 反映的经济内容不同

    B. 会计账户有结构,会计科目无结构

    C. 记录资产和权益的内容不同

    D. 记录资产和权益的方法不同

训练二 熟悉会计科目与账户的关系

【训练要求】试述会计科目与账户的联系与区别。

任务二

复式记账

> **定义**
>
>   记账方法是指按照一定的规则,运用一定的记账符号,在账簿中登记各项经济业务的技术方法。

    会计核算中所采用的记账方法最初是单式记账法,即对发生的每项经济业务只在一个账户中进行记录的记账方法。

    在单式记账法下,通常只登记库存现金、银行存款的收付金额以及债权债务的结算金额,一般不登记实物的收付金额。例如,用银行存款购买1万元原材料,只在账户中记录银行存款减少1万元,而对原材料的增加数额却不在账户中记录。

    因此,单式记账法无法反映经济业务的来龙去脉,账户间缺乏平衡关系,不能全面、系统地反映会计要素的增减变动情况,不便于检查账户记录的正确性和完整性。伴随着社会经济的发展,人们逐渐对记账方法进行改进。如今,复式记账法已成为世界各国广泛采用的一种记账方法。

学习引导

知识一　复式记账的原理

定义

> 复式记账法作为一种现代会计（簿记）技术问世，其核心是建立在"资产＝负债＋所有者权益"的会计等式基础上。

一、复式记账法的含义

复式记账法是指对于每一笔经济业务所引起的会计要素的增减变动，都以相等的金额同时在两个或两个以上的账户中相互联系地进行记录的一种方法。

复式记账法是一种科学的记账方法，"资产＝负债＋所有者权益"这一会计恒等式是复式记账法的理论依据。

二、复式记账法的特征

复式记账法是从单式记账法发展起来的一种比较完善的记账方法。与单式记账法相比较，其基本特征是：

① 对于每一项经济业务，都以相等的金额在两个或两个以上的相互联系的账户中进行记录。通过账户的双重记录，不仅可以了解经济业务的来龙去脉，还能够全面、连续、系统地反映经济活动的过程和结果。这也是这一记账法被称为"复式"的由来。

② 各账户之间客观上存在对应关系。因此，可以通过进行试算平衡检查账户记录是否正确。

三、复式记账法的种类

复式记账法由于记账符号、记账规则等的不同，各国在具体应用过程中的做法不尽相同，从而形成了不同的复式记账方法。在我国使用过的复式记账法包括借贷记账法、增减记账法和收付记账法三种。

目前世界各国普遍采用的复式记账法是借贷记账法，我国《企业会计准则——基本准则》中规定企业应当采用借贷记账法记账。

知识二　借贷记账法

> **定义**
>
> 借贷记账法是以"借"和"贷"作为记账符号，来反映会计要素增减变动情况的一种复式记账方法。

借贷记账法起源于商品经济发展较早的意大利，是适应商业资本和借贷资本经营管理的需要而产生的。"借"、"贷"两字，最初是以其本来含义记账的，反映的是"债权"和"债务"的关系。随着商品经济的发展，会计核算的内容随之扩大，借贷记账法也在不断发展和完善，"借"、"贷"两字逐渐失去其本来含义，转化为纯粹的记账符号。

一、借贷记账法的账户结构

在借贷记账法下，将所有账户的左方定为"借方"，右方定为"贷方"。记账时，账户的借、贷两方必须做相反的记录，即一方登记增加额，则另一方登记减少额。究竟哪一方登记增加额或减少额，则要根据账户反映的经济内容，也就是账户的性质来决定。

（一）资产类账户结构

对于资产类账户，借方记录资产的增加额，贷方记录资产的减少额，期末余额一般在借方。资产类账户结构如图 2-2 所示。

借方　　　　　资产类账户　　　　　贷方	
期初余额	
本期增加额	本期减少额
本期发生额	本期发生额
期末余额	

图 2-2　资产类账户结构

资产类账户的发生额和余额之间的内部关系可用下式表示：

期末余额（借方）＝期初余额（借方）＋本期借方发生额－本期贷方发生额

（二）负债和所有者权益类账户结构

对于负债和所有者权益类账户，贷方记录增加额，借方记录减少额，期末余额一般在贷方。负债和所有者权益类账户结构如图 2-3 所示。

负债和所有者权益类账户的发生额和余额之间的内部关系可用下式表示：

期末余额（贷方）＝期初余额（贷方）＋本期贷方发生额－本期借方发生额

借方	负债和所有者权益类账户	贷方
	期初余额	
本期减少额	本期增加额	
本期发生额	本期发生额	
	期末余额	

图 2-3　负债和所有者权益类账户结构

（三）成本类账户结构

成本类账户是用来核算各项成本的归集与结转情况的账户。企业在生产过程中所发生的制造成本,在产品没有加工完成前,处于在产品形态,属于企业的资产。因此,成本类账户的结构与资产类账户的结构基本相同,借方记录成本的增加额,贷方记录成本的减少额,期末余额一般在借方。成本类账户结构如图 2-4 所示。

借方	成本类账户	贷方
期初余额		
本期增加额	本期减少额或转出额	
本期发生额	本期发生额	
期末余额		

图 2-4　成本类账户结构

成本类账户的发生额和余额之间的内部关系可用下式表示:

期末余额(借方)=期初余额(借方)+本期借方发生额-本期贷方发生额

（四）损益类账户结构

损益类账户可以分为收入类账户和费用类账户。

1. 收入类账户

收入类账户的结构与负债和所有者权益类账户结构基本相同,收入的增加额记入账户的贷方,收入转出(减少)记入账户的借方,由于贷方记录的收入增加额一般都要在期末通过借方转出,所以收入类账户通常没有期末余额。收入类账户结构如图 2-5 所示。

借方	收入类账户	贷方
本期转出额	本期增加额	
本期发生额	本期发生额	

图 2-5　收入类账户结构

2. 费用类账户

费用类账户的结构与资产类账户结构基本相同,账户借方记录费用的增加额,贷方记录费用转出(减少)的数额,由于借方记录的费用增加额一般都要在期末通过贷方转出,所以费用类账户通常没有期末余额。费用类账户结构如图 2-6 所示。

借方	费用类账户	贷方
本期增加额		本期转出额
本期发生额		本期发生额

图 2-6　费用类账户结构

（五）共同类账户结构

共同类账户是同时具有资产和负债双重性质的账户,这类账户的余额如果在借方,其性质就是资产;这类账户的余额如果在贷方,其性质就是负债。本书例题中的所有业务都不涉及共同类账户。

根据以上各类账户的具体结构可以得出以下结论。

① 借贷记账法的"借"和"贷"与不同类型的账户相结合,分别表示增加或减少。

"借"和"贷"本身不等于增和减,只有与具体的账户相结合后才可以表示增和减。例如,对资产类账户来说,"借"表示增加,"贷"表示减少;对负债类账户则正好相反,"贷"表示增加,"借"表示减少。将各类账户结构进行归纳,如表 2-3 所示。

表 2-3　借贷记账法下各类账户结构汇总表

账户类别	借　方	贷　方	余额方向
资产类	增加	减少	借方
成本类	增加	减少	借方
负债类	减少	增加	贷方
所有者权益类	减少	增加	贷方
收入类	减少(转出)	增加	一般无余额
费用类	增加	减少(转出)	一般无余额

② 各类账户的期末余额一般与记录增加额的方向一致。

例如,资产类账户的余额在借方,负债类账户与所有者权益类账户的余额在贷方。当发现账户的实际余额所在方向与正常的余额所在方向相违背时应当查明原因。

二、借贷记账法的记账规则

记账规则是指在账户上记录经济业务所引起的会计要素增减变动的规律。借贷记账法的记账规则为"有借必有贷,借贷必相等",具体表现在以下三点。

第一,任何一笔经济业务的发生,都必然同时导致至少两个账户发生变化。即同时至少在两个或两个以上的账户中相互进行联系地记录。

第二,在记入有关账户时,借方有一个或几个账户记入,同时贷方有一个或几个账户记入。不能全部记入借方或全部记入贷方,即"有借必有贷"。

第三,记入借方账户的金额与记入贷方账户的金额必须相等,即"借贷必相等"。

下面举例说明借贷记账法的记账规则。

例 2-1

A 公司用银行存款 5 万元购买原材料,材料已验收入库。

这项经济业务属于引起资产项目此增彼减的经济业务。一方面,引起原材料增加,即资产增加,应记入"原材料"账户的借方;另一方面,使该企业存入银行的款项减少,属于资产的减少,应记入"银行存款"账户的贷方。登记结果使"原材料"账户和"银行存款"账户一借一贷,且金额相等,账户记录如图 2-7 和图 2-8 所示。

借方	原材料	贷方
50 000		

图 2-7 "原材料"账户

借方	银行存款	贷方
		50 000

图 2-8 "银行存款"账户

例 2-2

A 公司银行借款中的 5 万元到期,用银行存款偿还。

这项经济业务属于引起资产和负债同时减少的经济业务。一方面,向银行的借款数减少,即负债中短期借款数额减少,应记入"短期借款"账户的借方;另一方面,使该企业存入银行的款项减少,属于资产的减少,应记入"银行存款"账户的贷方。登记结果使"短期借款"账户和"银行存款"账户一借一贷,且金额相等,账户记录如图 2-9 和图 2-10 所示。

借方	短期借款	贷方
50 000		

图 2-9 "短期借款"账户

借方	银行存款	贷方
		50 000

图 2-10 "银行存款"账户

例 2-3

A 公司购入原材料 10 万元,材料已验收入库,货款尚未支付。

这项经济业务属于引起资产和负债同时增加的经济业务。一方面,引起原材料增加,即资产增加,应记入"原材料"账户的借方;另一方面,使该企业应付的款项增加,属于负债增加,应记入"应付账款"账户的贷方。登记结果使"原材料"账户和"应付账款"账户一借一贷,且金额相等,账户记录如图 2-11 和图 2-12 所示。

借方	原材料	贷方
100 000		

图 2-11 "原材料"账户

借方	应付账款	贷方
		100 000

图 2-12 "应付账款"账户

例 2-4

银行决定将对 A 公司发放的贷款中的 10 万元,转作对公司的投资。

这项经济业务属于引起所有者权益和负债一增一减的经济业务。一方面,向银行的借款数减少,即负债中短期借款数额减少,应记入"短期借款"账户的借方;另一方面,引起资本增加,资本的增加属于所有者权益增加,应在"实收资本"账户的贷方进行登记。登记结果使"短期借款"账户和"实收资本"账户一借一贷,且金额相等,账户记录如图 2-13 和图 2-14 所示。

借方	短期借款	贷方		借方	实收资本	贷方
100 000						100 000

图 2-13　"短期借款"账户　　　　　图 2-14　"实收资本"账户

以上几个例子的经济业务的记账处理都符合"有借必有贷,借贷必相等"这一记账规则。

三、账户对应关系和会计分录

在运用借贷记账法时,有关账户之间形成应借、应贷的相互关系,这种关系称为账户对应关系。发生对应关系的账户称为对应账户。例如,将 5 000 元现金存入银行,这项经济业务的处理,记入"库存现金"账户贷方 5 000 元,记入"银行存款"账户借方 5 000 元。"库存现金"账户和"银行存款"账户之间是对应关系,两个账户互为对应账户。

为了保证账户对应关系准确无误,便于检查账户记录,对于进行会计核算的经济业务,应编制会计分录。会计分录是指按照借贷记账法的记账规则,对发生的经济业务列示出应借、应贷的账户和金额的一种记录。会计分录的写法一般是先借后贷,分行写;借、贷项的文字和金额的数字应错开位置;所有借项记录完毕后,再记贷项。

会计分录的编制可以按以下步骤进行。

第一步,确定账户名称,分析经济业务涉及哪些账户;

第二步,确定记账方向,分析对应账户的性质及其增减变化;

第三步,确定记录金额,分析计算记入每个对应账户的金额;

第四步,根据会计分录的格式要求,编制完整的会计分录。

编制会计分录可以明确每项经济业务所使用的账户名称、登记的借贷方向和入账的金额,有利于登记账簿。在实际工作中,一般是根据经济业务的原始凭证在记账凭证或日记账中编制的。

下面根据主题单元一中的例 1-1、例 1-2 和本主题单元前面所举例题中的经济业务,通过例 2-5~例 2-12 来说明会计分录的编制。

例 2-5

出资人向 A 公司投入资产 100 万元,其中,现金 4 万元,原材料 20 万元,房屋和机器设备 76 万元。

分析:这项经济业务的发生涉及"库存现金"、"原材料"、"固定资产"、"实收资本"四个账户。前三项属于资产类,后一项属于所有者权益类。根据经济业务的内容,库存现金、原材料、固定资产、实收资本是同时增加。按账户性质,"库存现金"、"原材料"、"固定资产"等账户增加在借方,"实收资本"账户增加在贷方。编制会计分录如下。

借:库存现金   40 000

 原材料   200 000

 固定资产   760 000

 贷:实收资本   1 000 000

例 2-6

A 公司成立的同时向银行借入短期借款 40 万元,存入公司银行存款账户。

分析:这项经济业务的发生涉及"短期借款"和"银行存款"两个账户。前者属于负债类,后者属于资产类。根据经济业务的内容,短期借款和银行存款同时增加。按账户性质,"短期借款"增加在贷方,"银行存款"增加在借方。编制会计分录如下。

借:银行存款   400 000

 贷:短期借款   400 000

例 2-7

A 公司 1 月取得产品销售收入 12 万元,其中收到现金和银行存款各 6 万元。

分析:这项经济业务的发生涉及"主营业务收入"、"库存现金"、"银行存款"三个账户。主营业务收入属于损益类中的收入类,库存现金和银行存款属于资产类。根据经济业务的内容,三者同时增加。按账户性质,"主营业务收入"增加在贷方,"库存现金"和"银行存款"增加在借方。编制会计分录如下。

借:库存现金   60 000

 银行存款   60 000

 贷:主营业务收入   120 000

例 2-8

A 公司 1 月发生原材料耗费 7 万元,全部是经营成本支出。

分析:这项经济业务的发生涉及"原材料"和"主营业务成本"两个账户。前者属于资产类,后者属于损益类中的费用类。根据经济业务的内容,原材料减少,主营业务成本增加。按账户性质,"原材料"减少在贷方,"主营业务成本"增加在借方。编制会计分录如下。

借:主营业务成本   70 000

 贷:原材料   70 000

例 2-9

A 公司用银行存款 5 万元购买原材料,原材料已验收入库。

分析:这项经济业务的发生涉及"原材料"和"银行存款"两个账户。两者都属于资产类。根据经济业务的内容,原材料增加,银行存款减少。按账户性质,"原材料"增加在借方,"银行存款"减少在贷方。编制会计分录如下。

  借:原材料   50 000

    贷:银行存款   50 000

例 2-10

A 公司银行借款中的 5 万元到期,用银行存款偿还。

分析:这项经济业务的发生涉及"短期借款"和"银行存款"两个账户。前者属于负债类,后者属于资产类。根据经济业务的内容,短期借款和银行存款同时减少。按账户性质,"短期借款"增加在借方,"银行存款"增加在贷方。编制会计分录如下。

  借:短期借款   50 000

    贷:银行存款   50 000

例 2-11

A 公司购入原材料 10 万元,原材料已验收入库,货款尚未支付。

分析:这项经济业务的发生涉及"原材料"和"应付账款"两个账户。前者属于资产类,后者属于负债类。根据经济业务的内容,原材料和应付账款同时增加。按账户性质,"原材料"增加在借方,"应付账款"增加在贷方。编制会计分录如下。

  借:原材料   100 000

    贷:应付账款   100 000

例 2-12

银行决定将对 A 公司发放的贷款中的 10 万元,转作对公司的投资。

分析:这项经济业务的发生涉及"短期借款"和"实收资本"两个账户。前者属于负债类,后者属于所有者权益类。根据经济业务的内容,短期借款减少,实收资本增加。按账户性质,"短期借款"增加在借方,"实收资本"增加在贷方。编制会计分录如下。

  借:短期借款   100 000

    贷:实收资本   100 000

在例 2-5～例 2-12 的会计分录中,除第 2-5 和例 2-7 的分录外,都只涉及两个账户,一借一贷,这种会计分录称为简单会计分录;同时涉及两个账户以上的会计分录,称为复合会计分录。复合会计分录可以分解为几个简单会计分录。

四、借贷记账法的试算平衡

为了保证或检查一定时期内所发生的经济业务在账户中登记的正确性和完整性,需要在会计期末,对账户记录进行试算平衡。借贷记账法的试算平衡是根据会计基本等式"资产＝负债＋所有者权益"的恒等关系和"有借必有贷,借贷必相等"的记账规则,检查账户记录是否正确的方法。如果试算不平衡,则可以肯定账户记录有误,需要进一步查实。其具体方法包括两种,即发生额试算平衡法和余额试算平衡法。

1. 发生额试算平衡法

发生额试算平衡法是根据本期所有账户借方发生额合计与贷方发生额合计的恒等关系,检验本期发生额记录是否正确的方法。其试算平衡公式为:

全部账户本期借方发生额合计＝全部账户本期贷方发生额合计

2. 余额试算平衡法

余额试算平衡法是根据本期所有账户借方余额合计与贷方余额合计的恒等关系,检验本期发生额记录是否正确的方法。其试算平衡公式为:

全部账户的借方余额合计＝全部账户的贷方余额合计

根据余额的时点不同,余额试算平衡法又分为期初余额试算平衡法与期末余额试算平衡法。

在实际工作中,通过编制发生额、余额试算平衡表来进行试算平衡。下面根据例 1-1(作为期初余额)、例 1-2、例 2-1、例 2-2、例 2-3、例 2-4 的经济业务资料,编制发生额及余额试算平衡表,如表 2-4 所示。

表 2-4　发生额及余额试算平衡表

编制单位:A 公司　　　　　　　　　　　　　　　　　　　　　　　　　　　　单位:元

账户名称	期初余额		本期发生额		期末余额	
	借　方	贷　方	借　方	贷　方	借　方	贷　方
库存现金	40 000		60 000		100 000	
银行存款	400 000		60 000	100 000	360 000	
原材料	200 000		150 000	70 000	280 000	
应付账款				100 000		100 000
固定资产	760 000				760 000	
短期借款		400 000	150 000			250 000
实收资本		1 000 000		100 000		1 100 000
主营业务收入				120 000		120 000
主营业务成本			70 000		70 000	
合　计	1 400 000	1 400 000	490 000	490 000	1 570 000	1 570 000

必须指出,试算平衡只能说明账户记录或计算基本正确,并不能保证其绝对正确。有些错误的发生并不影响借贷双方发生额和余额的平衡,例如,一项经济业务被漏记或者重记,借、贷双方发生差错的金额正好相等,颠倒了借贷方向或用错了账户等。因此,除了进行试

算平衡外,为了保证账户记录的正确性,在日常账务处理时不仅要认真核算,还应对会计记录定期或不定期地进行复核。

同步训练

训练一 熟悉账户结构

【训练要求】根据各类账户的结构,计算并填写表 2-5 中的空缺部分。

表 2-5 账户资料   单位:元

账户名称	期初余额	本期借方发生额	本期贷方发生额	期末余额
周转材料	40 000	10 000	22 000	
银行存款	240 000		500 000	160 000
应付账款		12 000	18 000	16 000
短期借款	50 000	40 000	0	
应收账款	40 000	20 000		30 000
实收资本	500 000		300 000	800 000
其他应付款	12 000	24 000		24 000
固定资产		220 000	10 000	610 000

训练二 编制会计分录

【训练要求】根据 L 公司本月发生的下列经济业务编制会计分录。

① 以银行存款支付原欠某单位货款 150 000 元。

② 购进材料 100 000 元,以银行存款支付。

③ 以银行存款支付广告费 5 000 元。

④ 收回某单位前欠货款 120 000 元,存入银行。

⑤ 将盈余公积 170 000 元转作投入资本金。

⑥ 接受投资方投入运输汽车一辆,评估确认价值 120 000 元。

⑦ 销售产品价值为 400 000 元 ,其中 250 000 元收存银行,另 150 000 元款项尚未收回。

⑧ 以银行存款 3 000 元支付行政办公费。

⑨ 以银行存款 2 000 元支付当月短期借款利息。

⑩ 以银行存款交纳税金 3 500 元。

训练三 填制试算平衡表

【训练要求】根据本主题单元训练二的内容及 L 公司期初各账户余额(如表 2-6 所示),编制发生额及余额试算平衡表。

表 2-6　L 公司期初账户余额　　　　　　　　　　单位:元

资产		负债及所有者权益	
账户名称	金额	账户名称	金额
库存现金	5 500	短期借款	500 000
银行存款	420 000	应付账款	250 000
应收账款	180 000	应交税费	3 500
原材料	240 000	实收资本	600 000
库存商品	300 000	盈余公积	350 000
固定资产	658 000	利润分配	100 000
合　计	1 803 500	合　计	1 803 500

主题单元三

记账凭证与账簿

知识目标

▱ 记账凭证的格式和内容
▱ 账簿的格式和内容
▱ 记账凭证与账簿的关系

训练目标

▱ 填制和审核记账凭证
▱ 登记会计账簿
▱ 核对记账凭证和账簿

任务一

————◆—————

填制和审核记账凭证

> **定义**
>
> 　　记账凭证是会计人员根据审核无误的原始凭证按照经济业务内容进行归类,并据以确定会计分录后所填制的会计凭证。

　　在日常的会计核算工作中,会计对会计主体所发生的能进行会计核算的各种经济业务,应按要求填制具有一定格式的记账凭证,以作为之后登记账簿的直接依据。

　　具体来说,记账凭证能够提供的主要信息包括:经济业务发生单位的信息;经济业务发生的时间和空间信息;经济业务发生的简单说明;经济业务发生所引起的会计要素,如资产、负债、所有者权益、收入、费用和利润的增减变动情况;其他相关信息,如制证、审核、记账、会计主管等有关人员的签章,收款凭证和付款凭证还应由出纳人员签名或盖章等。

学习引导

知识一　记账凭证的识别

　　记账凭证又称记账凭单,或分录凭单。在实际工作中,为了便于登记账簿,需要将来自不同单位且种类多、数量大、格式不一的凭单加以归类、整理,填制具有统一格式的记账凭证,确定会计分录并将相关的凭单附在记账凭证后面。

一、记账凭证的作用

　　任何会计主体,每发生一项经济业务,如现金的收付、物资的进出、往来款项的结算等,经办业务的有关人员必须按照规定的程序和要求,认真填制记账凭证,记录经济业务发生或完成的日期、经济业务的内容,并在记账凭证上签名、盖章,以对记账凭证的真实性和正确性负责。所有记账凭证都必须经过有关人员的严格审核,只有经过审核无误的记账凭证才能作为登记账簿的依据。

　　记账凭证的填制和审核,对于完成会计工作,发挥会计在经济管理中的作用,具有十分重要的作用。记账凭证的作用如图 3-1 所示。

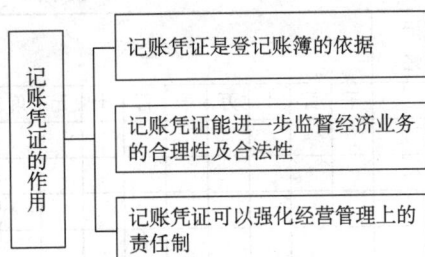

图 3-1　记账凭证的作用

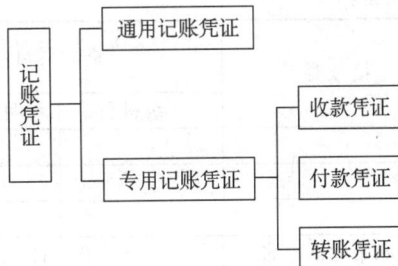

图 3-2　记账凭证的种类

二、记账凭证的种类

　　记账凭证按照其使用范围可以分为两类:第一类,通用记账凭证;第二类,专用记账凭证,如图 3-2 所示。

(一)通用记账凭证

　　通用记账凭证是指可以用于反映各类经济业务,且具有统一格式的记账凭证。其格式如表 3-1 所示。

表 3-1

记账凭证

年　月　日　　　　　　　　　　　　　编号

摘　要	会计科目		记账	借方金额									贷方金额								
	一级科目	明细科目		百	十	万	千	百	十	元	角	分	百	十	万	千	百	十	元	角	分
附原始凭证　张	合　计																				

会计主管　　　　　记账　　　　　审核　　　　　　　　出纳　　　　　　　制单

(二)专用记账凭证

　　专用记账凭证是指专门记录某一类经济业务的记账凭证。专用记账凭证按其所反映的经济业务内容不同,可以分为收款凭证、付款凭证和转账凭证三种。

1. 收款凭证

　　收款凭证是用来记录现金和银行存款等货币资金收款业务的记账凭证,是根据有关现金和银行存款收入业务的凭单填制的。其格式如表 3-2 所示。

表 3-2

收款凭证

借方科目：　　　　　　　　　　　　　年　月　日　　　　　　　　　　　收字第　　号

摘　要	贷方科目		记账	贷方金额									
	一级科目	明细科目		千	百	十	万	千	百	十	元	角	分
附原始凭证　张	合　计												

会计主管　　　　　记账　　　　　审核　　　　　　　　出纳　　　　　　　制单

2. 付款凭证

付款凭证是用来反映现金和银行存款等货币资金付款业务的记账凭证，是根据现金和银行存款付款业务的凭单填制的。其格式如表 3-3 所示。

表 3-3

付款凭证

贷方科目：　　　　　　　　　　　　　年　月　日　　　　　　　　　　　付字第　　号

摘　要	借方科目		记账	借方金额									
	一级科目	明细科目		千	百	十	万	千	百	十	元	角	分
附原始凭证　张	合　计												

会计主管　　　　　记账　　　　　审核　　　　　　　　出纳　　　　　　　制单

3. 转账凭证

转账凭证是用来反映与现金、银行存款等货币资金收付款业务无关的转账业务，即在经济业务发生时不需要收付现金和银行存款的各项业务的凭证，是根据有关转账业务的凭单填制的。其格式如表 3-4 所示。

表 3-4

转账凭证

　　　　　　　　　　　　　　　年　月　日　　　　　　　　　　　　转字第　　号

摘　要	会计科目		记账	借方金额								贷方金额							
	一级科目	明细科目		百	十	万	千	百	十	元	角	分	百	十	万	千	百	十	元	角	分
附原始凭证　张	合　计																			

会计主管　　　　　记账　　　　　审核　　　　　　　　　　　　　　制单

> 收款凭证、付款凭证和转账凭证三者的主要区别在于：在记账凭证上，如果借方科目是库存现金或银行存款的为收款凭证；如果贷方科目为库存现金或银行存款的为付款凭证；如果借方和贷方都没有涉及库存现金或银行存款科目的为转账凭证。值得注意的是，现金与银行存款的划转业务一律采用付款凭证。

知识二 记账凭证的填制

记账凭证有着固定的格式，其填制也有特定的方法，只有按要求填制的记账凭证才能作为会计日常核算的基本资料。

一、记账凭证的基本内容

作为记账凭证，应具备以下基本内容。
① 记账凭证的名称；
② 填制凭证的日期；
③ 记账凭证的编号；
④ 经济业务的内容摘要；
⑤ 经济业务涉及的会计账户（包括一级账户、二级账户和明细账户）名称及记账方向；
⑥ 经济业务引起的变动金额；
⑦ 所附凭单的张数；
⑧ 记账标记；
⑨ 制证、审核、记账、财务主管等有关人员的签章，收款凭证和付款凭证还应由出纳人员签章。
记账凭证的填制如表 3-5 所示。

二、记账凭证填制的基本要求

记账凭证填制的基本要求如下。
① 记账凭证各项内容必须完整。
② 记账凭证应连续编号。一笔经济业务需要填制两张以上记账凭证的，可以采用分数标号法编号。例如，一笔业务涉及三张第 8 号转账凭证，可以按下述方式编号：转字第 $8\frac{1}{3}$ 号、转字第 $8\frac{2}{3}$ 号、转字第 $8\frac{3}{3}$ 号。

表 3-5

记账凭证

2009 年 12 月 31 日 　　　　　　　　　　　　　　　　编号　1

摘　　要	会计科目		记账	借方金额									贷方金额								
	一级科目	明细科目		百	十	万	千	百	十	元	角	分	百	十	万	千	百	十	元	角	分
分配制造费用	生产成本	A 产品					6	0	0	0	0	0									
		B 产品					2	0	0	0	0	0									
	制造费用															8	0	0	0	0	0
附凭单 1 张	合　计					¥	8	0	0	0	0	0			¥	8	0	0	0	0	0

会计主管　　　　记账　　　　审核　　　　　　　　出纳　　　　　　制单　张钢

填制记账凭证时若发生错误应当重新填制。

③ 记账凭证的书写应清楚、规范。

④ 除结账和更正错误的记账凭证可以不附凭单外,其他记账凭证必须附有凭单。

⑤ 记账凭证填制完成经济业务事项后,如有空行,应当自金额栏最后一笔金额数字下的空行处至合计数上的空行处画线注销。

已登记入账的记账凭证在当年内发现填写错误时,可以用红字冲销法;如果会计科目没有错误,只是金额错误,可以用补充登记法。

三、专用记账凭证的填制

1. 收款凭证的填制

收款凭证左上方的"借方科目(或账户)",应填写"库存现金"或"银行存款";右上方应填写凭证编号,编号一般按"现收×号"和"银收×号"分类;"摘要"栏内填写经济业务的内容梗概;"贷方科目(或账户)"栏内填写与"库存现金"或"银行存款"科目相对应的总账(一级)科目及其所属明细(二级)科目;"贷方金额"栏内填写实际收到的现金或银行存款数额;"记账"栏供记账员在根据收款凭证登记有关账簿以后做记号,表示该项金额已经记入有关账户,避免重记或漏记。

业务量少的会计主体也可不分"现收"与"银收",而按收款业务发生的先后顺序统一编号,如"收字×号"。

例 3-1

2002 年 5 月 20 日,某制造企业业务员王力报销差旅费时退回 270 元现金,王力原借款 3 000 元现金,财务部门根据收回的款项,填制如表 3-6 所示的收款凭证。

表3-6

收款凭证

借方科目:**库存现金**　　　　　　　　2002 **年** 5 **月** 20 **日**　　　　　　　　收字第 **2** 号

摘　要	贷方科目		记账	贷方金额									
	一级科目	明细科目		千	百	十	万	千	百	十	元	角	分
收回王力借款	其他应收款	王力							2	7	0	0	0
附原始凭证 1 张	合　计								¥	2	7	0	0	0

会计主管　　　　记账　　　　审核　　　　　　出纳　　　　　制单 **张刚**

2. 付款凭证的填制

付款凭证根据库存现金和银行存款付款业务的凭单填制。凡是涉及减少现金或者银行存款账户的金额的,都必须填制付款凭证。付款凭证的填制方法和要求与收款凭证基本相同,不同的只是在付款凭证的左上方应填写"贷方科目(或账户)"。

对于只涉及"现金"与"银行存款"这两个账户的业务,只需填制付款凭证,不再填制收款凭证,以免重复记账。

例 3-2

2002 年 5 月 16 日,某制造企业为生产产品以银行存款购买 A 材料,增值税专用发票所记载的购买材料款为 60 000 元,增值税 10 200 元,财务部门根据增值税发票填制如

表 3-7 所示的付款凭证。

表 3-7

付款凭证

2002 年 5 月 16 日

贷方科目：银行存款　　　　　　　　　　　　　　　　　　　　　　　　付字第 6 号

摘　要	借方科目		记账	借方金额									
	一级科目	明细科目		千	百	十	万	千	百	十	元	角	分
购 A 材料	物资采购	A 材料					6	0	0	0	0	0	0
	应交税费	增值税（进项税）					1	0	2	0	0	0	0
附原始凭证 2 张	合　计					¥	7	0	2	0	0	0	0

会计主管　　　　记账　　　　审核　　　　　　出纳　　　　　　制单　张刚

3. 转账凭证的填制

转账凭证根据不涉及现金和银行存款收付转账业务的凭单填制。凡是不涉及现金和银行存款增加或减少的业务，都必须填制转账凭证。转账业务没有固定的账户对应关系，因此在转账凭证中，要按"借方科目（或账户）"和"贷方科目（或账户）"分别填写有关总账（一级）科目和明细（二级）科目。借方科目的金额与贷方科目的金额都在同一行的"金额"栏内填写。

例 3-3

2002 年 5 月 16 日，某制造企业接受甲单位以一项固定资产作为投资，该项固定资产的评估价为 100 000 元，财务部门根据投资评估等凭单填制如表 3-8 所示的转账凭证。

表 3-8

转账凭证

2002 年 5 月 16 日

转字第 1 号

摘　要	会计科目		记账	借方金额									贷方金额								
	一级科目	明细科目		百	十	万	千	百	十	元	角	分	百	十	万	千	百	十	元	角	分
接受甲单位投资	固定资产			1	0	0	0	0	0	0	0										
	实收资本												1	0	0	0	0	0	0	0	
附原始凭证 1 张	合　计			¥	1	0	0	0	0	0	0	0	¥	1	0	0	0	0	0	0	0

会计主管　　　　记账　　　　审核　　　　　　　　　　制单　张刚

四、通用记账凭证的填制

通用记账凭证的名称为"记账凭证"。它集收款凭证、付款凭证和转账凭证于一身，通用于收款、付款和转账等各种类型的经济业务。其填制方法与转账凭证完全相同。

例 3-4

2002 年 5 月 23 日,某制造企业生产车间领用 10 000 元原材料用于产品生产。财务部门根据仓库开出的发料单填制如表 3-9 所示的记账凭证。

表 3-9

记账凭证

2002 年 5 月 23 日   编号

摘 要	会计科目		记账	借方金额									贷方金额								
	一级科目	明细科目		百	十	万	千	百	十	元	角	分	百	十	万	千	百	十	元	角	分
领料生产	生产成本					1	0	0	0	0	0	0									
	原材料														1	0	0	0	0	0	0
附原始凭证 1 张	合 计			¥	1	0	0	0	0	0	0		¥	1	0	0	0	0	0	0	

会计主管　　　记账　　　审核　　　　　出纳　　　　　制单 张刚

知识三　记账凭证的审核

当记账凭证填制完毕后,必须经过其他会计人员认真审核,审核确认无误后,才能作为登记账簿的直接依据。

一、记账凭证审核的意义

对记账凭证进行审核,是保证会计信息质量,发挥会计监督的重要手段。因此,审核人员必须熟悉和掌握国家政策、法令、规章制度和计划、预算的有关规定,熟悉和了解本单位的经营情况,做到正确判断记账凭证上所记载的经济业务内容是否合法、合理,是否准确、无误。

二、记账凭证审核的内容

记账凭证审核的内容如下。

① 审核记账凭证是否附有凭单,凭单是否齐全及其内容是否合法;记账凭证所记录的经济业务与所附凭单所反映的经济业务是否相符,是否合法。

② 审核记账凭证所使用的会计账户及记账方向是否正确,账户的对应关系是否清晰,账户核算的内容是否符合会计制度的规定,填写的金额是否准确。

③ 审核"摘要"是否填写清楚,项目填写是否齐全。

④ 实行会计电算化的单位,对于机制记账凭证,应审核使用的会计账户是否正确,数字是否准确无误;审核打印的机制记账凭证是否具有制单人员、稽核人员、记账人员及会计机构负责人员的签章。

同步训练

训练一　熟悉记账凭证的相关内容

【训练要求】选出以下各题中唯一的正确选项,并将正确选项的序号填在括号内。

1. 下列各项中,不属于专用记账凭证的是(　　)。

A. 收款凭证
B. 付款凭证
C. 转账凭证
D. 通用记账凭证

2. 会计日常核算工作的起点是(　　)。

A. 设置会计科目和账户
B. 填制会计凭证
C. 登记会计账簿
D. 财产清查

3. 出纳人员付出货币资金的依据是(　　)。

A. 收款凭证　　　　B. 付款凭证　　　　C. 转账凭证　　　　D. 原始凭证

4. 下列各项中,不属于记账凭证审核内容的是(　　)。

A. 凭证是否符合有关的计划和预算

B. 会计科目使用是否正确

C. 凭证的金额与所附原始凭证的金额是否一致

D. 凭证的内容与所附原始凭证的内容是否一致

5. 对于将现金送存银行的业务,会计人员应编制的记账凭证是(　　)。

A. 现金付款凭证
B. 银行收款凭证
C. 现金付款凭证和银行收款凭证
D. 转账凭证

6. 下列各项中,属于记账凭证的有(　　)。

A. 收款凭证　　　B. 科目汇总表　　　C. 汇总收款凭证　　　D. 转账凭证

7. 下列业务中,需要编制付款凭证的有(　　)。

A. 从银行提现
B. 将现金存入银行
C. 用现金购买办公用品
D. 收回前欠款项

8. 填制和审核会计凭证的意义是(　　)。

A. 记录经济业务,提供记账依据
B. 明确经济责任,强化内部控制
C. 监督经济活动,控制经济运行
D. 促使企业盈利,提高企业竞争力

9. 下列科目中,可能成为收款凭证借方科目的有(　　)。

A. 实收资本　　　B. 银行存款　　　C. 应付账款　　　D. 应交税费

10. 企业销售一批产品,售价为 20 000 元,已收款 10 000 元存入银行,10 000 元尚未收到。该笔业务应编制的记账凭证是(　　)。

A. 收款凭证　　　B. 付款凭证　　　C. 转账凭证　　　D. 以上均可

训练二 填制记账凭证

【训练要求】根据以下给定的资料,分别填制相应的记账凭证,如表 3-10～表 3-19 所示。

2010 年 12 月 1～10 日,华阳公司发生下列经济业务。

① 1 日,从思强公司购入 A 材料 1 000 千克,单价为 200 元,增值税税率为 17%,款项尚未支付。

表 3-10

转账凭证

年 月 日　　　　　　　　　　　　　转字第 号

摘　要	会计科目		记账	借方金额									贷方金额								
	一级科目	明细科目		百	十	万	千	百	十	元	角	分	百	十	万	千	百	十	元	角	分
附原始凭证　张	合　计																				

会计主管　　　　记账　　　　审核　　　　　　　　制单

② 1 日,根据购货合同,以银行存款 50 000 元预付振业公司购料款。

表 3-11

付款凭证

贷方科目:　　　　　　年 月 日　　　　　　　　　　付字第 号

摘　要	借方科目		记账	借方金额								
	一级科目	明细科目		千	百	十	万	千	百	十	元	角	分
附原始凭证　张	合　计												

会计主管　　　　记账　　　　审核　　　　出纳　　　　制单

③ 2 日,以银行存款 100 000 元偿还短期借款。

表 3-12

付款凭证

贷方科目:　　　　　　年 月 日　　　　　　　　　　付字第 号

摘　要	借方科目		记账	借方金额								
	一级科目	明细科目		千	百	十	万	千	百	十	元	角	分
附原始凭证　张	合　计												

会计主管　　　　记账　　　　审核　　　　出纳　　　　制单

④ 2日,接银行收款通知,收到京通公司前欠货款 80 000 元,已存入银行。

表 3-13

收款凭证

借方科目:　　　　　　　　　　年　月　日　　　　　　　　　　收字第　号

摘　要	贷方科目		记账	贷方金额									
	一级科目	明细科目		千	百	十	万	千	百	十	元	角	分
附原始凭证　张	合　计												

会计主管　　　　　记账　　　　　审核　　　　　　　出纳　　　　　　　制单

⑤ 4日,向万荣公司购入 B 材料 13 500 千克,单价为 100 元,增值税税率为 17%,款项以银行存款支付。

表 3-14

付款凭证

贷方科目:　　　　　　　　　　年　月　日　　　　　　　　　　付字第　号

摘　要	借方科目		记账	借方金额									
	一级科目	明细科目		千	百	十	万	千	百	十	元	角	分
附原始凭证　张	合　计												

会计主管　　　　　记账　　　　　审核　　　　　　　出纳　　　　　　　制单

⑥ 4日,以银行存款 3 000 元支付购买 B 材料的运杂费。

表 3-15

付款凭证

贷方科目:　　　　　　　　　　年　月　日　　　　　　　　　　付字第　号

摘　要	借方科目		记账	借方金额									
	一级科目	明细科目		千	百	十	万	千	百	十	元	角	分
附原始凭证　张	合　计												

会计主管　　　　　记账　　　　　审核　　　　　　　出纳　　　　　　　制单

⑦ 5日,上述购入的 A、B 材料已办理入库手续,结转入库材料的实际成本。

表 3-16

转账凭证

年　月　日　　　　　　　　　　　　　　　转字第　号

摘　要	会计科目		记账	借方金额	贷方金额
	一级科目	明细科目		百十万千百十元角分	百十万千百十元角分
附原始凭证　张	合　计				

会计主管　　　　记账　　　　审核　　　　　　　　　　　制单

⑧ 7 日,归还前欠思强公司的部分货款 10 000 元。

表 3-17

付款凭证

贷方科目：　　　　　　　　年　月　日　　　　　　　　付字第　号

摘　要	借方科目		记账	借方金额
	一级科目	明细科目		千 百 十 万 千 百 十 元 角 分
附原始凭证　张	合　计			

会计主管　　　　记账　　　　审核　　　　　　出纳　　　　　　制单

⑨ 8 日,收到某公司的投资款 1 000 000 元,存入银行。

表 3-18

收款凭证

借方科目：　　　　　　　　年　月　日　　　　　　　　收字第　号

摘　要	贷方科目		记账	贷方金额
	一级科目	明细科目		千 百 十 万 千 百 十 元 角 分
附原始凭证　张	合　计			

会计主管　　　　记账　　　　审核　　　　　　出纳　　　　　　制单

⑩ 9 日,向东山公司销售 A 产品 200 件,单价为 400 元,增值税税率为 17%,款项尚未收到。

表 3-19

转账凭证

年　月　日　　　　　　　　　　　　　　　　　　　　转字第　号

摘　要	会计科目		记账	借方金额								贷方金额							
	一级科目	明细科目		百	十	万	千	百	十	元	角	分	百	十	万	千	百	十	元	角	分
附原始凭证　张	合　计																				

会计主管　　　　记账　　　　审核　　　　　　　　　制单

训练三　熟悉记账凭证的审核要点

【训练要求】根据以下给定的资料,分别审核相应的记账凭证,如表 3-20～表 3-29 所示。

20××年 7 月 1～10 日,华阳公司发生下列经济业务,公司的会计人员王兰做出了相应的记账凭证,请你审核记账凭证并指出问题所在。

① 1 日,接银行收款通知,收到西海公司前欠货款 15 000 元,已存入银行。

表 3-20

收款凭证

借方科目:银行存款　　　　　　20××年 7 月 1 日　　　　　　　　收字第 1 号

摘　要	贷方科目		记账	贷方金额								
	一级科目	明细科目		千	百	十	万	千	百	十	元	角	分
收到西海公司货款	应收账款						1	5	0	0	0	0	0
附原始凭证　张	合　计												

会计主管　　　　记账　　　　审核　　　　　　出纳　　　　　　制单

② 2 日,从银行提取现金 120 000 元,备发工资。

表 3-21

付款凭证

贷方科目:银行存款　　　　　　　年　月　日　　　　　　　　　　付字第 1 号

摘　要	借方科目		记账	借方金额								
	一级科目	明细科目		千	百	十	万	千	百	十	元	角	分
提现	库存现金				1	2	0	0	0	0	0	0
附原始凭证　张	合　计			¥	1	2	0	0	0	0	0	0

会计主管　　　　记账　　　　审核　　　　　　　出纳　　　　　　制单

③ 3 日,以现金 120 000 元发放工人工资。

表 3-22

付款凭证

贷方科目:银行存款　　　　　　　年　月　日　　　　　　　　　　付字第 2 号

摘　要	借方科目		记账	借方金额								
	一级科目	明细科目		千	百	十	万	千	百	十	元	角	分
	应付账款	工资			1	2	0	0	0	0	0	0
附原始凭证　张	合　计			¥	1	2	0	0	0	0	0	0

会计主管　　　　记账　　　　审核　　　　　　　出纳　　　　　　制单

④ 5 日,向银行借入为期 6 个月的借款 1 000 000 元,存入银行。

表 3-23

收款凭证

借方科目:银行存款　　　　　　　20××年 7 月 5 日　　　　　　　收字第 2 号

摘　要	贷方科目		记账	贷方金额								
	一级科目	明细科目		千	百	十	万	千	百	十	元	角	分
收到短期借款	长期借款			1	0	0	0	0	0	0	0	0
附原始凭证　张	合　计			¥	1	0	0	0	0	0	0	0

会计主管　　　　记账　　　　审核　　　　　　　出纳　　　　　　制单

⑤ 6 日,销售 B 产品 600 件,单价为 800 元,增值税税率为 17%,款项已存入银行。

表 3-24

收款凭证

借方科目:银行存款　　　　　　　　　20××年7月6日　　　　　　　　　收字第3号

摘　要	贷方科目		记账	贷方金额									
	一级科目	明细科目		千	百	十	万	千	百	十	元	角	分
收到货款	主营业务收入				4	8	0	0	0	0	0	0	0
附原始凭证1张	合　计			¥	4	8	0	0	0	0	0	0	0

会计主管　　　　记账　　　　审核　　　　　　出纳　　　　　制单

⑥ 9日,以银行存款43 500元支付应交税费。

表 3-25

付款凭证

贷方科目:库存现金　　　　　　　　　20××年7月9日　　　　　　　　　付字第3号

摘　要	借方科目		记账	借方金额									
	一级科目	明细科目		千	百	十	万	千	百	十	元	角	分
支付税费	应交税费					4	3	5	0	0	0	0	0
附原始凭证1张	合　计				¥	4	3	5	0	0	0	0	0

会计主管　　　　记账　　　　审核　　　　　　出纳　　　　　制单

⑦ 10日,向西海公司销售A产品100件,单价为400元,增值税税率为17%,款项尚未收到。

表 3-26

转账凭证

20××年7月15日　　　　　　　　　转字第1号

摘　要	会计科目		记账	借方金额								贷方金额							
	一级科目	明细科目		百	十	万	千	百	十	元	角	分	百	十	万	千	百	十	元	角	分
销售	应收账款				4	6	8	0	0	0	0								
	主营业务收入														4	0	0	0	0	0
	应交税费	增值税销项税																	
附原始凭证　张	合　计																		

会计主管　　　　记账　　　　审核　　　　　　　　制单

⑧ 10日,以银行存款18 000元支付销售产品的展览费。

表 3-27

付款凭证

贷方科目：银行存款　　　　　　　　20××年7月10日　　　　　　　　付字第 4 号

摘　要	借方科目		记账	借方金额									
	一级科目	明细科目		千	百	十	万	千	百	十	元	角	分
	销售费用						1	8	0	0	0	0	0
附原始凭证 1 张	合　计					¥	1	8	0	0	0	0	0

会计主管　　　　记账　　　　审核　　　　　　出纳　　　　　　制单

⑨ 10 日，收到东山公司前欠货款 100 000 元，存入银行。

表 3-28

收款凭证

借方科目：银行存款　　　　　　　　20××年7月10日　　　　　　　　收字第 4 号

摘　要	贷方科目		记账	贷方金额									
	一级科目	明细科目		千	百	十	万	千	百	十	元	角	分
收到货款	主营业务收入					1	0	0	0	0	0	0	0
附原始凭证 1 张	合　计					¥	1	0	0	0	0	0	0	0

会计主管　　　　记账　　　　审核　　　　　　出纳　　　　　　制单

⑩ 10 日，以库存现金 500 元购买行政管理部门的办公用品。

表 3-29

付款凭证

贷方科目：银行存款　　　　　　　　20××年7月10日　　　　　　　　付字第 5 号

摘　要	借方科目		记账	借方金额									
	一级科目	明细科目		千	百	十	万	千	百	十	元	角	分
购买办公用品	管理费用	办公费							5	0	0	0	0
附原始凭证 2 张	合　计							¥	5	0	0	0	0

会计主管　　　　记账　　　　审核　　　　　　出纳　　　　　　制单

任务二

登记会计账簿

> **定义**
>
> 　　会计账簿简称账簿,是由具有一定格式、相互联系的账页所组成,用来序时、分类地全面记录一个会计主体经济业务事项的会计簿籍。

　　会计日常核算的方法之一是登记会计账簿,它是根据审核无误的记账凭证,按照一定的格式和要求进行账簿登记,以便能够反映会计主体的经济资源、现存义务和投资者权益及其变动等情况。登记会计账簿是对会计信息的进一步整理,是编制财务报表的主要会计信息来源。

　　会计账簿提供的主要信息包括:会计主体在一定时期内所发生的与资金运动相关的会计信息;会计主体在一定时期内所发生的经济活动的详细情况和总括会计信息,反映财务状况及经营成果;会计主体在一定日期的财务状况及一定时期的经营成果。

学习引导

知识一　会计账簿的作用和种类

　　设置和登记会计账簿,是重要的会计核算基础工作,是连接会计凭证和会计报表的中间环节。填制会计凭证后之所以还要设置和登记账簿,是由于两者虽然都是用来记录经济业务,但两者具有不同的作用。

一、会计账簿的作用

　　(1)记载及储存完整的会计信息资料

　　将会计凭证所记录的经济业务记入有关的会计账簿,可以全面反映会计主体在一定时期内所发生的各项资金运动,储存有用的各项会计信息。

（2）提供分类或汇总的会计信息资料

通过设置和登记不同种类的账簿，可以分门别类地反映各项会计信息，提供一定时期内经济活动的详细情况；也可以提供总括的会计信息，反映会计主体的财务状况及经营成果。

（3）用于检查和校正会计信息资料

账簿记录是会计凭证信息的进一步整理，可提供更为全面、连续、系统的会计信息。

（4）是编制财务报表的主要依据

通过登记会计账簿，定期进行结账工作，进行有关账簿之间的核对，计算出本期发生额和余额，并据以编制会计报表，向有关各方提供所需要的会计信息。

二、会计账簿的种类

会计账簿按照不同的标准，主要有以下几种分类。

（一）按照用途分类

账簿按照用途可分为序时账簿、分类账簿和备查账簿，如图 3-3 所示。

1. 序时账簿

序时账簿又称为日记账，是按照经济业务发生的时间先后顺序，逐日逐笔顺序登记的账簿。

2. 分类账簿

分类账簿又称为分类账，是对全部经济业务按照总分类账户和明细分类账户进行分类登记的账簿。分类账簿包括总分类账簿和明细分类账簿。

总分类账簿（又称为总分类账，简称总账）是按照总分类会计科目设置的账户，是用来分类记录经济业务的账簿。明细分类账簿（又称为明细分类账，简称明细账）是按照明细会计科目设置的账户，是用来详细记录经济业务的账簿。

3. 备查账簿

备查账簿又称辅助账簿，是对某些在序时账簿和分类账簿中未能记载或记载不全的经济业务进行补充登记的账簿。

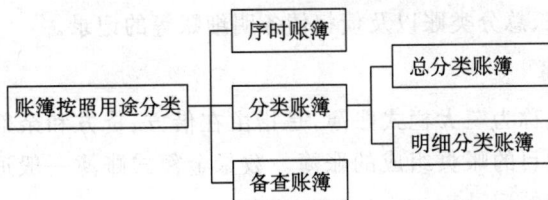

图 3-3　账簿按照用途分类

（二）按照外表形式分类

账簿按照外表形式可分为订本式账簿、活页式账簿和卡片式账簿，如图 3-4 所示。

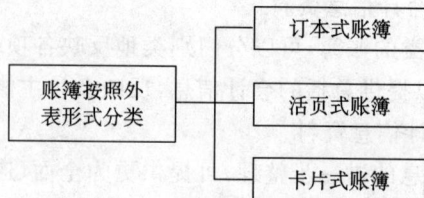

图 3-4 账簿按照外表形式分类

1. 订本式账簿

订本式账簿又称为订本账,是在启用之前就将若干账页固定地装订成册,并对账页进行连续编号的账簿。订本式账簿可以避免人为的抽换账页,还可以防止账页散失或丢失。它一般适用于总分类账、现金日记账和银行存款日记账的记录。

2. 活页式账簿

活页式账簿又称为活页账,是指在启用之前和使用过程中,不把账页固定地装订成册的账簿。活页式账簿避免了订本式账簿不便于财会人员分工记账的缺陷,而且使用灵活,不会造成浪费。活页式账簿一般适用于各种明细账的记录。

3. 卡片式账簿

卡片式账簿又称为卡片账,是指用印有记账格式的卡片登记各项经济业务的账簿。卡片式账簿一般适用于固定资产明细账的记录。

(三) 按照账页格式分类

账簿按照账页格式可以分为两栏式账簿、三栏式账簿、数量金额式账簿和多栏式账簿,如图 3-5 所示。

1. 两栏式账簿

两栏式账簿是指由设置借方和贷方两个基本金额栏的账页组成的账簿。两栏式账簿一般适用于收入、费用等账户的记录。

2. 三栏式账簿

三栏式账簿是指由设置借方、贷方和余额三个金额栏的账页组成的账簿。三栏式账簿一般适用于各种日记账、总分类账以及债权债务明细账等的记录。

3. 数量金额式账簿

数量金额式账簿也称为三大栏式账簿,是指由在借方、贷方和余额三大栏内,又分设数量、单价、金额三个小栏目的账页组成的账簿。数量金额式账簿一般适用于原材料、库存商品及周转材料等明细账的记录。

4. 多栏式账簿

多栏式账簿是指由在借方、贷方两个基本栏中按需要又分设若干专栏的账页所组成的账簿。多栏式账簿一般适用于收入明细账、费用明细账等的记录。

日常业务中常用的会计账簿账页的基本格式,如表 3-30~表 3-37 所示。

图 3-5 账簿按照账页格式分类

表 3-30 现金日记账（三栏式）

第 页 单位:元

年		凭 证		摘 要	对方科目	借方	贷方	借或贷	余额
月	日	字	号						

表 3-31 银行存款日记账（三栏式）

第 页 单位:元

年		凭 证		摘 要	结算凭证		对方科目	借方	贷方	借或贷	余额
月	日	字	号		字	号					

表 3-32 三栏式总账

总页码
本户页次

科目名称:

年		凭 证		摘 要	借方	贷方	借或贷	余额
月	日	字	号					

表 3-33 三栏式明细账

科目名称：

总页码
本户页次

年		凭证		摘 要	借方	贷方	借或贷	余额
月	日	字	号					

表 3-34 数量金额式明细账

类别：
名称或规格：
编号：

计量单位：
存放地点：
储存定额：

年		凭证字号	摘 要	借方			贷方			借或贷	余 额		
月	日			数量	单价	金额	数量	单价	金额		数量	单价	金额

表 3-35 借方多栏式明细账

年		凭证字号	摘 要	借 方		贷方	余额
月	日						

表 3-36 贷方多栏式明细账

年		凭证字号	摘 要	贷 方		借方	余额
月	日						

表 3-37 借贷方多栏明细分类账

年		凭证字号	摘 要	借 方		贷 方		余额
月	日				合计		合计	

知识二 会计账簿的设置和登记

会计主体在遵守会计规范的前提下,应结合本单位经济业务的特点和经营管理的需要,设置必要的账簿,并认真做好记账工作。

一、会计账簿的基本内容

虽然,会计账簿的形式和格式是多种多样的,但都具备以下基本内容。

① 封面。封面主要标明账簿的名称,如总分类账簿、现金日记账、银行存款日记账等。

② 扉页。扉页标明会计账簿的使用信息,如账簿使用登记表、科目索引表等,如表 3-38 所示。

③ 账页。账页作为记录经济业务事项的载体,其格式因反映经济业务内容的不同而有所不同,但其主要内容应包括账户的名称、日期栏、记账凭证的种类和号数栏、摘要栏、金额栏。

二、常用会计账簿的设置和登记

(一)现金日记账的设置与登记

1. 现金日记账的格式

现金日记账是用来核算和监督库存现金每天的收入、支出和结存情况的账簿。它一律采用订本账,其格式可采用三栏式或多栏式。

2. 现金日记账的登记方法

现金日记账由出纳人员根据与现金收付有关的记账凭证,按时间顺序逐日逐笔进行登记。每日营业终了,根据"上日余额＋本日收入－本日支出＝本日余额"的公式,逐日结算出现金余额,与库存现金实存数核对,以检查每日现金收付是否有误。库存现金日记账如表 3-39 所示。

表 3-38

账簿使用登记表

使用者名称				
账簿编号				
账簿页数		本账簿共计使用		
启用日期		年　月　日		
截止日期		年　月　日		
责任者盖章	出　纳	审　核	主　管	部门领导
	交接记录			
姓名	交接日期	交接盖章	监交人员 职务	姓名
	经管　　年 月 日			
	交出　　年 月 日			
印花税票				

表 3-39

库存现金日记账

2004年 月	日	凭证 字	号	摘　要	对方科目	借方	贷方	余额
6	1			期初余额				10 000
	2	收	1	收到货款	应收账款	6 000		16 000
	2	收	2	收到职工还款	其他应收款	2 000		18 000
	2	付	1	支付费用	管理费用		2 000	16 000
	2			本日合计		8 000	2 000	16 000

（二）银行存款日记账的设置与登记

银行存款日记账是用来核算和监督银行存款每日的收入、支出和结余情况的账簿。银行存款日记账应按企业在银行开立的账户和币种分别设置,每个银行账户设置一本日记账。银行存款日记账的格式和登记方法与现金日记账相同,如表 3-40 所示。

表 3-40

银行存款日记账

2004年 月	日	凭证 字	号	摘　要	借　方 应收账款	其他应收款	合计	贷　方 管理费用	营业费用	合计	余额
6	1			期初余额							10 000
	2	收	1	收到货款	6 000		6 000				16 000
	2	收	2	收到职工还款		2 000	2 000				18 000
	2	付	1	支付费用				2 000		2 000	16 000
	2			本日合计	6 000	2 000	8 000	2 000		2 000	16 000

（三）三栏式总账的设置与登记

总分类账是按照总分类账户分类登记以提供总括会计信息的账簿。总分类账最常用的格式为三栏式,设置借方、贷方和余额三个基本金额栏目。总分类账可以根据记账凭证逐笔登记,如表3-41所示。

表3-41

原材料总分类账

2004年		凭证		摘　要	借方	贷方	借或贷	余额
月	日	字	号					
6	1			期初余额			借	60 000
	2		1	购进A材料	10 000			
	15		3	生产领用材料		20 000		
	25		8	本月一般领用		10 000		
	30			本月合计	10 000	30 000	借	40 000

（四）三栏式明细账的设置与登记

三栏式明细账是设有借方、贷方和余额三个栏目,用于分类核算各项经济业务,提供详细核算资料的账簿。其格式与三栏式总账的格式基本相同,如表3-42所示。

表3-42

应收账款明细账

公司名称:红星公司

20××年		凭证		摘　要	借方	贷方	借或贷	余额
月	日	字	号					
6	1			期初余额			借	60 000
	2		1	售出商品款项未收	10 000			
	15		3	收回前欠货款		20 000		
	30			本月合计	10 000	20 000	借	50 000

（五）数量金额式明细账的设置与登记

数量金额式明细账的借方（收入）、贷方（发出）和余额（结存）都分别设有数量、单价和金额三个专栏,如表3-43所示。

表 3-43

原材料明细账

材料名称:A 材料

20××年		凭证		摘　要	借　方			贷　方			余　额		
月	日	字	号		数量	单价	金额	数量	单价	金额	数量	单价	金额
6	1			期初余额							10	100	1 000
	2		1	购进	20	100	2 000						
	15		3	领用				5	100	500			
	30			本月合计	20	100	2 000	5	100	500	25	100	2 500

（六）多栏式明细账的设置与登记

多栏式明细账是将属于同一个总账科目的各个明细科目合并在一张账页上进行登记,如表 3-44 所示。

表 3-44

管理费用明细账

借、贷方设置专栏进行明细核算

20××年		凭证号	摘　要	借　方					贷方	余额
月	日			办公	人工	折旧	劳保	合计		
6	1	6	购买办公品	1 000				1 000		
	2	9	计提工资费		20 000			20 000		
	15	12	计提折旧费			5 000		5 000		
	24		交纳劳保费				2 000	2 000		

在会计核算中,各种会计账簿应间隔多长时间登记一次,没有统一的规定。一般的原则是:总分类账应按照会计主体所采用的会计核算形式及时登记;明细分类账可根据记账凭证每天进行登记,也可以定期(三天或五天)登记;现金日记账和银行存款日记账应根据办理完毕的收付款凭证,逐日逐笔顺序进行登记,最少每天登记一次。

知识三　会计账簿的登记规则与更正错账

一、会计账簿的登记规则

会计账簿的登记规则如下。

① 登记账簿时,应当将会计凭证日期、编号、业务内容摘要、金额和其他有关资料逐项记入账内,同时记账人员要在记账凭证上签名或者盖章,并注明已经登账的符号(如打"√"),防止漏记、重记和错记情况的发生。

② 各种账簿要按账页顺序连续登记,不得跳行、隔页。如发生跳行、隔页,应将空行、空页画线注销,或注明"此行空白"或"此页空白"字样,并由记账人员签名或盖章。

③ 登记账簿时,要用钢笔和蓝黑墨水或者碳素墨水书写,不得用圆珠笔(银行的复写账簿除外)或者铅笔书写。红色墨水可以用于以下几种情况:按照红字冲账的记账凭证,冲销错误记录;在不设借贷等栏的多栏式账页中,登记减少数;在三栏式账户的余额栏前,如未印明余额方向的,在余额栏内登记负数余额;根据国家统一的会计制度规定可以用红字登记的其他会计记录。

④ 记账要保持清晰、整洁,记账文字和数字要端正、清楚、书写规范,一般应占账簿格距的二分之一,以便留有改错的空间。

⑤ 凡需结出余额的账户,应当定期结出余额。现金日记账和银行存款日记账必须每天结出余额。结出余额后,应在"借或贷"栏内写明"借"或"贷"字样;没有余额的账户,应在"借或贷"栏内写"平"字样,并在"余额"栏"元"位上用"0"表示。

⑥ 每登记满一张账页结转下页时,应当结出本页合计数和余额,写在本页最后一行和下页第一行有关栏内,并在本页的"摘要"栏内注明"转后页"字样,在次页的"摘要"栏内注明"承前页"字样。

二、错账的更正方法

(一)画线更正法

这一方法适用于结账前发现账簿记录有差错,而记账凭证的记录正确无误,属于账簿记录中数字或文字的笔误。

> 会计账簿错误主要集中出现在账簿启用、账簿设置、账簿登记、结账等几个环节。

① 在错误的文字或数字上画一条红线表示注销。如果文字错误可只画掉错误的文字,数字错误则需画掉整笔数字,不能只画掉其中一个或几个写错的数字。

② 在红线的上方用蓝字填写正确的文字或数字,并由更正错账的人员在更正处盖章。被画掉的文字或数字仍应清晰可辨,不得全部涂抹掉,以便日后核查。

例 3-5

某公司财务人员在根据记账凭证登记账簿时,将 9 876.25 元误写成 9 867.25 元。

更正错账时,应将 9 867.25 元全部用红线画掉,再在其上方空白处用蓝字填写正确的数字 9 876.25;不能只将"67"用红线画掉,再在其上方空白处用蓝字填写"76",如图 3-6 所示。

正确的更正错账方法	错误的更正错账方法
9 876.25 ~~9 867.25~~	76 9 867.25

图 3-6 画线更正法

(二) 红字更正法

红字更正法又称为红字冲销法,这种更正错账的方法主要有以下两种。

(1) 记账后,当年发现记账凭证中应借、应贷的会计科目或记账方向发生错误,并且已经按照错误的记账凭证登记账簿,此时应采用红字更正法予以更正。

例 3-6

某企业购买一批生产用原材料 500 000 元,全部款项以银行存款支付,材料验收入库。财务人员进行如下账务处理并根据记账凭证登记账簿。

借:原材料   500 000

　贷:应付账款   500 000

记账后,财务人员发现记账有误并用红字更正法更正错账,如图 3-7 所示。

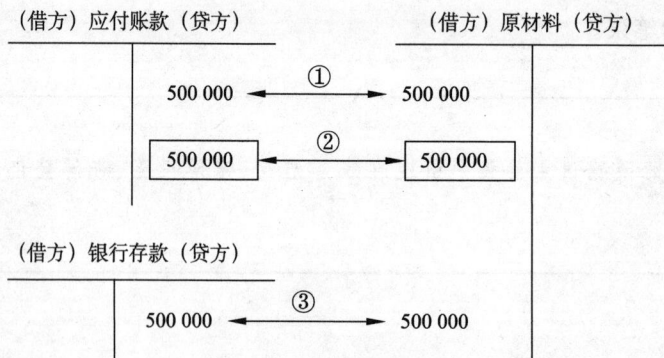

图 3-7 红字更正法之一

① 用红字填写一张与原错误相同的记账凭证。

借:原材料   500 000

　贷:应付账款   500 000

②编写一张正确的记账凭证。

借：原材料　　　　　　　　　　　　　　　　　　　　　500 000

　贷：银行存款　　　　　　　　　　　　　　　　　　　　　500 000

③根据所填写的记账凭证登记账簿。

（2）记账后，发现记账凭证中所记录的会计科目及记账方向都是正确的，只是所记录的金额大于应记金额，此时应采用红字更正法予以更正。

例 3-7

某企业购买一批生产用原材料 50 000 元，全部款项以银行存款支付，材料验收入库。财务人员编制记账凭证时，误将 50 000 元记录为 500 000 元，并根据记账凭证登记账簿。

借：原材料　　　　　　　　　　　　　　　　　　　　　500 000

　贷：银行存款　　　　　　　　　　　　　　　　　　　　　500 000

记账后，财务人员发现记账有误并用红字更正法更正错账。用红字填写一张记账凭证，将多记的 450 000 元金额冲减，如图 3-8 所示。

借：原材料　　　　　　　　　　　　　　　　　　　　　450 000

　贷：银行存款　　　　　　　　　　　　　　　　　　　　　450 000

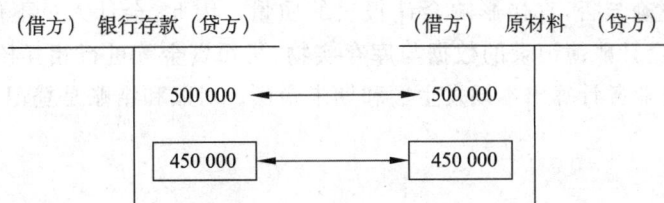

图 3-8　红字更正法之二

（三）补充登记法

补充登记法适用于记账凭证中应借、应贷的会计科目正确无误，但所记金额小于应记金额，同时按照记账凭证已经登记入账，从而造成账簿记录金额少记的错误。采用补充登记法更正错账时，按照少记的金额用蓝字填写一张与原记账凭证完全相同的记账凭证，并将少记的金额根据记账凭证登记账簿。

例 3-8

某企业购买一批生产用原材料 500 000 元，全部款项以银行存款支付，材料验收入库。财务人员编制记账凭证时，误将 500 000 元记录为 50 000 元，并根据记账凭证登记账簿。

借：原材料　　　　　　　　　　　　　　　　　　　　　50 000

　贷：银行存款　　　　　　　　　　　　　　　　　　　　　50 000

记账后,财务人员发现记账有误并用补充登记法更正错账。将少记的 450 000 元,用蓝字填写一张与原记账凭证完全相同的记账凭证,并根据记账凭证登记账簿,如图 3-9 所示。

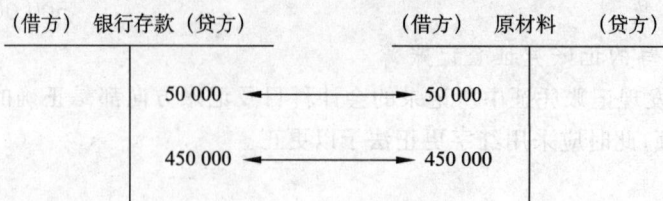

图 3-9　补充登记法

知识四　对账与结账

定义　对账是指核对账目。结账是指在把一定时期(月份、季度、年度)内所发生的全部经济业务登记入账的基础上,计算并记录本期发生额和期末余额。

账簿记录的正确与否,直接影响会计报表的质量。因此,会计人员不但要认真登记账簿,还应当定期将会计账簿记录的数据与库存实物、货币资金等进行相互核对,并把一定时期内所发生的经济业务计算出本期发生额和期末余额。对账和结账是登记会计账簿的必要步骤。

一、对账的内容

(一)账证核对

账证核对是指对各种账簿的记录与记账凭证及其所附的原始凭证进行核对。这种核对通常是在日常核算中进行的,以使错账能及时发现并得到更正。

(二)账账核对

账账核对是指对各种账簿之间的有关数字进行核对,主要包括以下内容。

① 总账中各账户期末借方余额合计与各账户期末贷方余额合计相核对。

② 总账各账户的本期借方和贷方发生额、期末余额与其所属的各明细账的本期借方和贷方发生额合计、期末余额合计进行核对。

③ 总账与日记账之间的核对。

④ 会计部门与财产物资保管或使用部门的财产物资明细账进行核对。

(三)账实核对

账实核对是指将各财产物资的账面余额与实有数额进行核对,主要包括以下内容。

① 现金日记账的余额与现金实际库存数相核对，并保证日清月结。

② 银行存款日记账的余额与银行送来的对账单相核对，每月最少一次。

③ 各种应收、应付款明细账余额与有关债务、债权单位的账目相核对。

④ 各种材料、物资、产品明细账的余额与其实物数额相核对。

二、结账的方法

结账的方法如下。

① 对于需按月统计发生额的账户，在期末结账时，要在最后一笔业务记录下面的"借方"栏开始到"余额"栏为止画通栏单红线，结出本月发生额和余额，在"摘要"栏内盖"本月合计"戳记，在"本月合计"栏下面再画一条同样的通栏红线。

② 对于需要结计本年累计发生额的账户每月结账时，应在"本月合计"栏下结出自年初至本月末止的累计发生额，登记在月份发生额下面，在"摘要"栏写明"本年累计"字样，在栏下再画一条通栏红线，12月末的"本年累计"就是全年累计发生额，应在全年累计发生额下面画通栏双红线。

③ 对于不需按月结计发生额的账户，如应收应付、财产物资明细账，每登记一次，就要随时结出余额，每月最后一笔余额就是月末余额，月末结账时，只需在最后一笔业务记录下面自"借方"栏至"余额"栏画通栏红线即可。

④ 对于总账账户只需结出月末金额即可，但在年终结账时，为了总括反映企业财务状况和经营成果全貌，核对账目，需将所有总账账户结出全年发生额和年末余额，在"摘要"栏内注明"本年合计"字样，并在"合计"栏下画通栏红线。

⑤ 企业在年度终了，会计人员需要结账。凡有余额的账户，应将其余额结转下年，即将所有有余额的账户余额直接记入新账"余额"栏内，而不需专门编制记账凭证，也不需要将余额再记入各账户的借方，使本年余额为零。

以总账为例，年结、月结结账的方法如表 3-45 所示。

表 3-45

总　账

会计科目：主营业务收入

20××年		凭证		摘　要	借方	贷方	借或贷	余额	
月	日	字	号						在"本年合计"栏下再画双红线作为年结标志
12	1	收	1	销售 A 商品		30 000			
	9	收	3	销售 B 商品		20 000			
	30	转	25	结转当月损益	50 000				
	30			本月合计	50 000	50 000	平	—	
				本季合计	200 000	200 000	平	—	
				本年合计	900 000	900 000	平	—	

年末在最后一个月或季的"本月合计"或"本季合计"栏下一行的"摘要"栏内填写"本年合计"，并合计本年该账户的借、贷方发生额，计算本期期末余额

同步训练

训练一　熟悉会计账簿的相关内容

【训练要求】 选出以下各题中唯一的正确选项,并将正确选项的序号填在括号内。

1. 从银行提取现金,登记现金日记账的依据是（　　）。
   A. 现金收款凭证　　　　　　　　　　B. 银行存款收款凭证
   C. 现金付款凭证　　　　　　　　　　D. 银行存款付款凭证

2. 将账簿划分为序时账簿、分类账簿、备查账簿的依据是（　　）。
   A. 账簿的登记方式　　　　　　　　　B. 账簿的用途
   C. 账簿登记的内容　　　　　　　　　D. 账簿的外表形式

3. 用来记录某一特定种类经济业务发生情况的序时账簿是（　　）。
   A. 普通日记账　　　　　　　　　　　B. 明细分类账
   C. 专栏日记账　　　　　　　　　　　D. 特种日记账

4. 对于某些在序时账簿和分类账簿中未能记载的经济业务进行补充登记的账簿是（　　）。
   A. 序时账簿　　　　B. 分类账簿　　　　C. 活页账簿　　　　D. 备查账簿

5. 多栏式现金日记账属于（　　）。
   A. 备查账簿　　　　B. 分类账簿　　　　C. 序时账簿　　　　D. 活页账簿

6. 卡片式账簿一般适用于（　　）明细分类账。
   A. 现金　　　　　　B. 银行存款　　　　C. 固定资产　　　　D. 预提费用

7. 总分类账与特种日记账的外表形式应该采用（　　）。
   A. 活页式　　　　　　　　　　　　　B. 卡片式
   C. 订本式　　　　　　　　　　　　　D. 任意外表形式

8. 总账与明细账之间进行平行登记的原因是总账与明细账的（　　）。
   A. 格式相同　　　　　　　　　　　　B. 登记时间相同
   C. 反映经济业务内容相同　　　　　　D. 提供指标详细程度相同

9. 下列各项中,不能作为登记总账的根据是（　　）。
   A. 记账凭证　　　　　　　　　　　　B. 记账凭证汇总表
   C. 原始凭证　　　　　　　　　　　　D. 汇总记账凭证

10. 登记明细账的依据（　　）。
    A. 一定是记账凭证　　　　　　　　　B. 一定是原始凭证
    C. 一定是汇总记账凭证　　　　　　　D. 是记账凭证和原始凭证

11. 下列明细分类账中,应采用数量金额式明细分类账的是（　　）。
    A. 原材料明细分类账　　　　　　　　B. 应收账款明细分类账
    C. 制造费用明细分类账　　　　　　　D. 财务费用明细分类账

12. "应交税费——应交增值税"账户的明细分类核算,其明细账的账页格式主要采用（　　）。

    A. 三栏式   B. 多栏式

    C. 特定表格式   D. 数量金额式

13. 下列做法错误的是( )。

    A. 现金日记账采用三栏式账簿

    B. 产成品明细账采用数量金额式账簿

    C. 生产成本明细账采用三栏式账簿

    D. 制造费用明细账采用多栏式账簿

14. 在登记账簿时,如果经济业务发生日期为 11 月 12 日,编制记账凭证日期为 11 月 16 日,登记账簿日期为 11 月 17 日,则账簿中的"日期"栏登记的时间为( )。

    A. 11 月 12 日   B. 11 月 16 日

    C. 11 月 17 日   D. 11 月 16 日或 11 月 17 日均可

15. 更正错账时,画线更正法的适用范围是结账前发生的( )。

    A. 记账凭证上会计科目或记账方向错误,导致账簿记录错误

    B. 记账凭证正确,在记账时发生错误,导致账簿记录错误

    C. 记账凭证上会计科目或记账方向正确,所记金额大于应记金额,使账簿记录错误

    D. 记账凭证上会计科目或记账方向正确,所记金额小于应记金额,使账簿记录错误

16. 采用补充登记法,是因为( )导致账簿错误。

    A. 记账凭证上会计科目错误

    B. 记账凭证上记账方向错误

    C. 记账凭证上会计科目或记账方向正确,所记金额大于应记金额

    D. 记账凭证上会计科目或记账方向正确,所记金额小于应记金额

17. 企业开出转账支票 1 690 元购买办公用品,编制记账凭证时,误记金额为 1 960 元,并已记账,应采用的更正方法是( )。

    A. 补充登记 270 元   B. 红字冲销 270 元

    C. 在凭证中画线更正   D. 把错误凭证撕掉重编

18. 在月末结账前发现所填制的记账凭证将科目方向记反,并已过账。按照有关规定,更正时应采用的错账更正方法最好是( )。

    A. 画线更正法   B. 平行登记法

    C. 补充登记法   D. 红字更正法

19. 在月末结账前发现所填制的记账凭证无误,根据记账凭证登记账簿时,将 1 568 元误记为 1 586 元,按照有关规定,更正时应采用的错账更正方法是( )。

    A. 画线更正法   B. 红字更正法

    C. 补充登记法   D. 平行登记法

20. 期末根据账簿记录,计算并记录出各账户的本期发生额和期末余额,在会计上叫( )。

    A. 对账   B. 结账   C. 调账   D. 查账

训练二　设置和登记日记账

【**训练要求**】根据以下给定的资料，①编制记账凭证，以会计分录代替记账凭证，并按经济业务顺序编号；②设置"现金日记账"和"银行存款日记账"，根据会计分录登记日记账，如表 3-46 和表 3-47 所示。

2010 年 3 月初，某企业现金日记账余额为 500 元，银行存款日记账余额为 978 000 元。本月发生下列经济业务。

① 1 日，职工陈光预借差旅费 200 元，经审核以现金付讫。

② 2 日，签发现金支票 4 000 元，从银行提取现金，以备日常开支需要。

③ 4 日，以银行存款 2 800 元交纳税金。

④ 5 日，从银行取得短期借款 80 000 元，存入开户行。

⑤ 6 日，签发现金支票 46 000 元，从银行提取现金，以备发放工资。

⑥ 7 日，以现金 46 000 元发放本月职工工资。

⑦ 7 日，办公室报销日常开支费用，经审核，以现金 190 元支付。

⑧ 10 日，收到银行通知，购货单位偿还上月所欠货款 95 000 元，已收妥入账。

⑨ 11 日，开出转账支票 5 800 元，支付本月发生的管理部门固定资产修理费。

⑩ 12 日，行政管理部门报销购买零星办公用品费 180 元，经审核以现金付讫。

⑪ 12 日，采购员任民回厂报销差旅费 450 元，原借 500 元，余款退回现金。

⑫ 14 日，仓库保管员交来现金 60 元，偿还上月欠交赔款。

⑬ 14 日，以现金 160 元，支付购进材料时的运杂费。

⑭ 15 日，签发转账支票 24 000 元，支付所欠供应单位货款。

⑮ 16 日，销售产品一批，货款共计 2 600 元，已收到并存入银行。

⑯ 17 日，以现金 490 元支付罚款。

⑰ 20 日，以银行存款支付为购货单位代垫的运杂费 540 元。

⑱ 21 日，接到银行通知，第一季度实际借款利息为 3 100 元，已用结算户存款划账支付。

⑲ 21 日，接到银行通知，第一季度存款利息共计 2 400 元。

⑳ 23 日，购进材料一批，货款 97 800 元，运杂费 200 元，全部款项以银行存款支付，材料已验收入库。

㉑ 25 日，签发转账支票 43 000 元，预付供应单位购料款。

㉒ 27 日，收到购货单位交来的现金支票 500 元，用于暂付包装物押金，支票已存入银行。

㉓ 28 日，将超过库存现金限额的现金 3 000 元送交银行。

㉔ 28 日，通过银行支付供应单位加收的包装物押金 200 元。

㉕ 30 日，接到银行付款通知，支付本月生产用电费 21 000 元。

㉖ 30 日，以银行存款 50 000 元，预付下季度租入固定资产租金。

㉗ 31 日，收到购货单位预付的货款 5 700 元，存入银行。

㉘ 31 日，以现金支付产品销售费用 400 元。

表 3-46

现金日记账

第 页 单位:元

20××年		凭证		摘 要	对方科目	借方	贷方	借或贷	余额
月	日	字	号						

表 3-47

银行存款日记账

第 页 单位:元

20××年		凭证		摘 要	结算凭证		对方科目	借方	贷方	借或贷	余额
月	日	字	号		字	号					

训练三 设置和登记会计主体的全部账簿

【训练要求】根据以下给定的资料及表 3-48 和表 3-49 中的数据，①根据资料（一）、（二）、（三）开设总分类账户，并将余额记入各账户的"余额"栏内，"摘要"栏写"期初余额"；②根据资料（一）、（二）、（三）开设现金、银行存款日记账，并将日记账和各明细账期初余额记入各账户，"摘要"栏写"期初余额"；③根据资料（四）的经济业务内容编制记账凭证（可以会计分录代替）；④根据记账凭证，登记如表 3-50～表 3-55 所示（账页可自行添加）的日记账和各明细账；⑤进行对账、结账。

（一）模拟实训企业概况

① 企业名称:银川新华制造厂。

② 地址:银川市南阳路 482 号。

③ 纳税人登记号:241001012383452。

④ 开户银行及账号:工商银行南阳路办事处 26 - 98098。

(二)企业内部生产部门设置

① 一车间:生产甲、乙两种产品。

② 二车间:生产丙、丁两种产品。

(三)期初建账资料

① 新华制造厂 2010 年 6 月 30 日总分类账户余额如表 3-48 所示。

表 3-48　新华制造厂 2010 年 6 月 30 日总分类账户余额

总账科目名称	账户余额	
	借　方	贷　方
现金	930	
银行存款	190 450	
应收账款	32 000	
其他应收款	200 000	
物资采购	6 000	
原材料	48 880	
低值易耗品	10 000	
库存商品	89 600	
待摊费用	5 000	
固定资产	1 800 000	
累计折旧		320 000
短期投资	56 400	
利润分配	327 280	
短期借款		79 600
应付账款		40 000
其他应付款		1 600
应交税金		48 500
预提费用		1 200
实收资本		1 299 000
盈余公积		128 640
(其中:公益金)		42 880
本年利润		650 000
合　计	2 568 540	2 568 540

② 新华制造厂日记账和明细账建账期初余额,如表 3-49 所示。

表 3-49　新华制造厂日记账和明细账建账期初余额

总账科目	日记账及明细账科目	账户余额	
		借　方	贷　方
库存现金		930	
银行存款		190 450	

总账科目	日记账及明细账科目		账 户 余 额	
			借 方	贷 方
应收账款	利民公司		8 000	
	博凡公司		4 000	
	东方商场		20 000	
应付账款	红星材料厂			10 000
	华伟材料厂			16 000
	富民材料公司			14 000
在途物资	A材料			
	B材料		6 000	
	C材料			
	D材料			
原材料	A材料 18 880 千克		18 880	
	B材料 8 000 千克		12 000	
	C材料 30 000 千克		12 000	
	D材料 600 千克		6 000	
库存商品	甲产品 11 000 千克		8 800	
	乙产品 20 000 千克		20 000	
	丙产品 16 000 千克		32 000	
	丁产品 12 000 千克		28 800	
生产成本	甲产品	直接材料		
		直接人工		
		制造费用		
	乙产品	直接材料		
		直接人工		
		制造费用		
	丙产品	直接材料		
		直接人工		
		制造费用		
	丁产品	直接材料		
		直接人工		
		制造费用		
制造费用	一车间	工资及福利费		
		折旧费		
		差旅费		
		办公费		
		其他		
	二车间	工资及福利费		
		折旧费		
		差旅费		
		办公费		
		其他		

续表

总账科目	日记账及明细账科目	账户余额	
		借　方	贷　方
管理费用	工资及福利费		
	折旧费		
	办公费		
	差旅费		
	水电费		
	其他		
主营业务成本	甲产品		
	乙产品		
	丙产品		
	丁产品		
主营业务收入	甲产品		
	乙产品		
	丙产品		
	丁产品		

（四）新华制造厂 2010 年 7 月发生的经济业务

① 1 日，会计部门提取备用金 1 000 元，开出现金支票一张。

② 2 日，一车间生产甲产品领用 C 材料 10 000 千克，每千克成本为 0.40 元，计 4 000 元；生产乙产品领用 C 材料 12 000 千克，每千克成本为 0.40 元，计 4 800 元。

③ 3 日，上月向红星材料厂购进的 B 材料已验收入库，按材料的实际采购成本转账。

④ 4 日，二车间生产丙产品领用 A 材料 2 800 千克，每千克成本为 1.00 元，计 2 800 元；生产丁产品领用 B 材料 4 000 千克，每千克成本为 1.50 元，计 6 000 元。

⑤ 5 日，业务科张丽出差预借差旅费 800 元，以现金付讫。

⑥ 6 日，开出转账支票付红星材料公司货款 10 000 元。

⑦ 7 日，因生产需要，向银行借入短期借款 180 000 元存入银行。

⑧ 8 日，向红星材料厂购进 A 材料 4 000 千克，每千克成本为 0.98 元，计 3 920 元；B 材料 8 000 千克，每千克成本为 1.48 元，计 11 840 元；红星材料厂代垫运费 240 元，运费按材料重量比例分摊。增值税进项税 2 679.20 元，款项以转账支票付讫。材料当日验收入库。

⑨ 9 日，向富民材料公司购进 C 材料 8 000 千克，每千克成本为 0.39 元，计 3 120 元；运杂费 80 元；进项增值税 530.40 元，以转账支票付讫。

⑩ 10 日，向富民材料公司购进的 C 材料验收入库，按材料的实际采购成本结转。

⑪ 11 日，一车间生产甲产品领用 A 材料 200 千克，每千克成本为 1.00 元，计 200 元；生产乙产品领用 B 材料 300 千克，每千克成本为 1.50 元，计 450 元。

⑫ 11 日，二车间生产丙产品领用 B 材料 1 200 千克，每千克成本为 1.50 元，计

1 800 元；生产丁产品领用 A 材料 1 000 千克，每千克成本为 1.00 元，计 1 000 元。

⑬ 12 日，收到东方商场转账支票 1 张，付所欠货款 20 000 元，存入银行。

⑭ 15 日，销售给东方商场甲产品 2 000 千克，每千克售价为 1.50 元，计 3 000 元；乙产品 4 000 千克，每千克售价为 1.80 元，计 7 200 元；销项增值税 1 734 元，收到转账支票 1 张，送存银行。

⑮ 17 日，收到利民公司转账支票 1 张，付所欠账款 8 000 元；收到博凡公司转账支票 1 张，付所欠账款 4 000 元，存入银行。

⑯ 19 日，销售给博凡公司丙产品 2 000 千克，每千克售价为 3.00 元，计 6 000 元；丁产品 4 000 千克，每千克售价为 3.50 元，计 14 000 元；销项增值税 3 400 元，收到转账支票 1 张，送存银行。

⑰ 20 日，开出转账支票，付华伟材料厂材料款 16 000 元，付富民材料公司材料款 14 000 元。

⑱ 21 日，支付芜江市电视台广告费 1 000 元。

⑲ 22 日，业务科张丽报销差旅费 600 元，余额 200 元交回现金。

⑳ 23 日，一车间生产甲产品领用 D 材料 2 千克，每千克成本为 10 元，计 20 元；生产乙产品领用 D 材料 3 千克，每千克成本为 10 元，计 30 元。二车间生产丙产品领用 D 材料 10 千克，每千克成本为 10 元，计 100 元；生产丁产品领用 D 材料 10 千克，每千克成本为 10 元，计 100 元。

㉑ 24 日，向利民公司销售甲产品 2 000 千克，每千克售价为 1.50 元，计 3 000 元；丙产品 2 000 千克，每千克售价为 3.00 元，计 6 000 元；销项增值税 1 530 元，货款尚未收回。

㉒ 25 日，向红星材料厂购进 A 材料 10 000 千克，每千克进价为 0.98 元，计 9 800 元；B 材料 10 000 千克，每千克进价为 1.48 元，计 14 800 元；进项增值税 4 182 元，货款未付。

㉓ 25 日，向博凡公司销售乙产品 1 500 千克，每千克售价为 1.80 元，计 2 700 元；丁产品 1 500 千克，每千克售价为 3.50 元，计 5 250 元；销项增值税 1 351.50 元，款项尚未收到。

㉔ 26 日，向富民材料公司购进 C 材料 20 000 千克，每千克进价为 0.38 元，计 7 600 元；进项增值税 1 292 元，货款未付。

㉕ 28 日，开出转账支票 1 张，支付 8 日所购红星材料厂 A 材料 4 000 千克、B 材料 8 000 千克的款项，并予以转账。

㉖ 30 日，向东方商场销售乙产品 2 500 千克，每千克售价为 1.80 元，计 4 500 元；丁产品 1 200 千克，每千克售价为 3.50 元，计 4 200 元；销项增值税 1 479 元，收到转账支票 1 张，送存银行。

㉗ 30 日，一车间生产甲产品领用 C 材料 20 000 千克，每千克成本为 0.40 元，计 8 000 元；领用 A 材料 400 千克，每千克成本为 1.00 元，计 400 元。

㉘ 30 日，从富民材料公司购进 D 材料 5 000 千克，每千克成本为 9.80 元，计 49 000 元；运杂费 1 000 元；进项增值税 8 330 元，款项以转账支票付讫，材料验收入库。

㉙ 30 日，结转本月成本费用。

㉚ 30 日，结转本月收入。

表 3-50

现金日记账

第 页 单位:元

20××年		凭证		摘 要	对方科目	借方	贷方	借或贷	余额
月	日	字	号						

表 3-51

银行存款日记账

第 页 单位:元

20××年		凭证		摘 要	结算凭证		对方科目	借方	贷方	借或贷	余额
月	日	字	号		字	号					

表 3-52

三栏式总账

总页码

本户页次

科目名称：

20××年		凭 证		摘 要	借方	贷方	借或贷	余额
月	日	字	号					

表 3-53

三栏式明细账

总页码

本户页次

科目名称：

20××年		凭 证		摘 要	借方	贷方	借或贷	余额
月	日	字	号					

表 3-54

数量金额式明细账

类别：　　　　　　　　　　　　　　　　　　　　　　计量单位：

名称或规格：　　　　　　　　　　　　　　　　　　　存放地点：

编号：　　　　　　　　　　　　　　　　　　　　　　储存定额：

20××年		凭证字号	摘 要	借(收入)方			贷(发出)方			借或贷	余(结存)额		
月	日			数量	单价	金额	数量	单价	金额		数量	单价	金额

表 3-55

贷方多栏式明细账

20××年		凭证字号	摘　要	贷　　方						借方	余额
月	日										

主题单元四

财务报表主要内容的核算

知识目标

- ⇨ 货币资金的类型和管理
- ⇨ 存货的类型和管理
- ⇨ 固定资产的类型和管理
- ⇨ 应收账款的形成和核算
- ⇨ 销售收入和销售成本的确认
- ⇨ 所有者权益的核算

训练目标

- ⇨ 货币资金的运用
- ⇨ 存货及固定资产的管理
- ⇨ 应收账款和坏账的管理
- ⇨ 收入的确认和税费的计算
- ⇨ 所有者权益的确认和核算

任务一

管理和运用货币资金

定义

货币资金是以货币形态表现的资金，是资产负债表中的一个流动资产项目，包括库存现金、银行存款和其他货币资金三个总账账户的期末余额。

企业经营过程中大部分的经济活动都是通过货币资金的收支来进行的。例如，原材料的采购、商品的销售、工资的发放、税金的交纳、股利和利息的支付以及进行投资活动等事项，都需要通过货币资金进行收付结算。同时，一家企业货币资金拥有量的多少，标志着它偿债能力和支付能力的大小，是投资者分析、判断财务状况的重要指标，在企业资金循环周转过程中起着连接和纽带的作用。因此，企业需要经常保持一定数量的货币资金，既要防止不合理地占压资金，又要保证业务经营的正常需要，并按照货币资金管理的有关规定，对各种收付款项进行结算。

股神巴菲特看资产负债表时，看的第一项就是公司账面上有多少现金和现金等价物。

货币资金按其形态和用途不同可分为库存现金、银行存款和其他货币资金。它是企业中最活跃的资金，流动性强，是企业的重要支付手段和流通手段，在资产负债表中位于流动资产的最前列，因而是流动资产的审查重点。

一般情况下，公司都会保留一定的货币资金，以维持企业经营周转需要。如果一家公司账面上货币资金很少，尤其是库存现金很少，可能就会遇到经营周转上的困难；而一家公司如果账上有很多现金，远远超出经营流动资金的需要，而且多年来一直如此，那么可以大致断定这家公司的实力雄厚。

学习引导

知识一　库存现金

> **定义**
>
> 库存现金是企业流动性最强的资产,对于维持企业正常的生产经营管理具有重要的作用,但现金也是企业资产中最容易流失的资产,因而加强现金管理对于企业和国家都具有重要的意义。

库存现金是企业流动性最强、控制风险最高的资产。因此,必须加强对企业库存现金的管理和控制,建立、健全库存现金内部控制制度,确保经营管理活动合法而有效。

一、现金使用的范围

① 职工的工资、津贴。

② 个人劳务报酬。

③ 根据国家规定发给个人的科学技术、文化艺术、体育等各种奖金。

④ 各种劳保、福利费用以及国家规定的对个人的其他支出。

⑤ 向个人收购农副产品和其他物资的价款。

⑥ 出差人员必须随身携带的差旅费。

⑦ 结算起点(1 000 元以下)的零星开支。

⑧ 中国人民银行确定需要支付现金的其他支出。

除上述情况可以用现金支付外,其他款项的支付应通过银行转账结算。

二、库存现金限额

库存现金限额是指为保证各单位日常零星支付按规定允许留存的现金的最高数额,由开户行根据开户单位的实际需要和距离银行远近等情况核定,一般按照单位 3～5 天日常零星开支所需现金确定。远离银行机构或交通不便的单位可依据实际情况适当放宽,但最高不得超过 15 天。

库存现金限额的计算方式一般是:

库存现金＝前一个月的平均每天支付的数额(不含每月平均工资数额)×限定天数

办理库存现金限额的一般程序是,首先,填制库存现金限额申请批准书;然后,报送开户银行签署审查批准意见和核定数额。

库存现金限额经银行核定批准后,开户单位应当严格遵守,每日现金的结存数不得超过核定的限额。如库存现金不足限额时,可向银行提取现金,不得在未经开户银行准许的情况下坐支现金;库存现金限额一般每年核定一次,单位因生产和业务发展、变化需要增加或减少库存限额时,可向开户银行提出申请,经批准后方可进行调整,单位不得擅自超出核定限额增加库存现金。

三、现金收支的规定

现金收支的规定如下所述。

① 开户单位的现金收入应于当日送存开户银行,当日送存困难的,由开户银行确定送存时间。

② 开户单位支付现金,可以从本单位库存现金限额中支付或从开户银行提取,不得从本单位的现金收入中直接支付,即不得坐支现金,因特殊情况需要坐支现金的,应当事先报经有关部门审查批准,并在核定的坐支范围和限额内进行,同时,收支的现金必须入账。

③ 开户单位从开户银行提取现金时,应如实写明提取现金的用途,由本单位财会部门负责人签字、盖章,并经开户银行审查批准后予以支付。

④ 因采购地点不确定、交通不便、抢险救灾以及其他特殊情况必须使用现金的单位,应向开户银行提出书面申请,由本单位财会部门负责人签字,并经由开户银行审查批准后予以支付。

此外,不准用不符合国家统一会计制度的凭证顶替库存现金,即不得"白条顶库";不准谎报用途套取现金;不准用银行账户代替其他单位和个人存入或支取现金;不准用单位收入的现金以个人名义存入储蓄;不准保留账外公款,即不得"公款私存",不得设置"小金库"等。银行对于违反上述规定的单位,将按照违规金额的一定比例予以处罚。

四、现金管理的内部控制制度

现金管理的内部控制制度包括钱账分管制度、现金开支审批制度、日清月结制度、现金清查制度和现金保管制度。

1. 钱账分管制度

钱账分管,即管钱的不管账,管账的不管钱。各单位应配备专职或兼职的出纳员,负责办理现金收付业务和现金保管业务,非出纳员不得办理现金收付业务和现金保管业务;另一方面,根据《会计法》的规定,出纳员不得兼管稽核、会计档案保管和收入、费用、债权、债务账目的登记工作。

建立钱账分管制度,可以使出纳员和会计人员相互牵制、相互监督,从而减少错误和贪污舞弊的可能性。因为,一个人如果既管钱又管账,那么他犯错误与进行贪污的机会和可能性就比较大;而实行钱账分管制度,一般来说,两个人犯同样错误的机会很少,而且除非两人有意识地合伙舞弊,否则其中一个人单独舞弊的机会和可能性就大为减少。

当然,管钱的不管账,并不是说出纳员不能管理任何账。出纳员在办理现金收付业务和现金保管的同时,可以登记现金日记账和编制现金日报表,而由会计员登记现金总账;也有的单位由出纳员登记现金账(包括现金总账和日记账),并编制现金日报表。

2. 现金开支审批制度

各单位应按照《现金管理暂行条例》及其实施细则规定的现金开支范围,并根据本单位的生产经营管理实际、现金付出业务的繁简及现金开支的额度等,建立、健全现金开支审批制度,以加强现金开支的日常管理。现金开支审批制度一般应包括以下一些内容。

（1）明确本单位现金开支范围

各单位应按《现金管理暂行条例》及其实施细则的规定,确定本单位的现金开支范围,如支付职工工资、差旅费、因公借款及支付零星采购材料款和运杂费等。

（2）制订各种报销凭证,规定报销手续和办法

各单位应按其业务内容制订各种报销凭证,如工资支付单、借款单、购料凭证、差旅费报销单等,并规定各种报销凭证的使用方法,以及各种凭证的传递手续,确定各种现金支出业务的报销办法。

（3）确定各种现金支出的审批权限

各单位应根据其经营规模、内部职责分工等,确定不同额度和不同的现金支出审批权限。例如,凡是现金开支额在500元以下的,由会计人员审查批准;凡是现金开支额在500元以上1 000元以下的,由单位财务主管审查批准;凡是现金开支额在1 000元以上5 000元以下的,必须由单位总会计师(或主管副厂长等)批准;凡是现金开支额在5 000元以上的,由单位最高领导层集体批准等。出纳员根据按规定权限经审核批准并签章的付款凭证及其所附原始凭证办理现金付款业务;没有经过审核批准并签章的或者有关人员超越规定审批权限的,出纳员不予付款。

3. 日清月结制度

日清月结是出纳员办理现金出纳工作的基本原则和要求,也是避免出现长款、短款的重要措施。所谓长款,是指现金实存数大于账存数;所谓短款,是指实存数小于账面余额。所谓日清月结,是指出纳员在办理现金出纳业务时,必须做到按日清理,按月结账。这里所说的按日清理,是指出纳员应对当日的经济业务进行清理,全部登记日记账,结出库存现金账面余额,并与库存现金实地盘点数核对相符。按日清理包括以下一些内容。

（1）清理各种现金收付款凭证

检查单证是否相符,也就是说各种收付款凭证所填写的内容与所附原始凭证反映的内容是否一致;同时还要检查每张单证是否已经盖齐"收讫"、"付讫"的戳记。

（2）登记和清理日记账

将当日发生的所有现金收付业务全部登记入账,在此基础上,看看账证是否相符,即现金日记账所登记的内容、金额与收付款凭证的内容、金额是否一致。清理完毕后,结出现金日记账的当日库存现金账面余额。

（3）现金盘点

每天上班前和下班前出纳员要清点库存现金,应按券别分别清点其数量,然后加总,即可得出当日现金的实存数。将盘存得出的实存数和账面余额进行核对,看两者是否相符。如发现有长款或短款,应进一步查明原因,及时进行处理。

如果经查明长款属于记账错误、丢失单据等,应及时更正错账或补办手续;如果属于少付他人则应查明并退还原主,若确实无法退还,应经过一定审批手续后可以作为单位的收益。对于短款,如果查明属于记账错误应及时更正错账;如果属于出纳员工作疏忽或业务水平问题,一般应按规定由过失人赔偿。

（4）检查库存现金是否超过规定的现金限额

如果实际库存现金超过规定库存限额,则出纳员应将超过部分及时送存银行;如果实际库存现金低于库存限额,则应及时补提现金。

4. 现金清查制度

在坚持日清月结制度,由出纳员自身对库存现金进行检查、清查的基础上,为了加强对出纳工作的监督,及时发现可能发生的现金差错或丢失,防止贪污、盗窃、挪用公款等不法行为的发生,确保库存现金安全、完整,各单位应建立库存现金清查制度,由有关领导和专业人员组成清查小组,定期或不定期地对库存现金情况进行清查、盘点,重点放在账款是否相符、有无白条抵库、有无私借公款、有无挪用公款、有无账外资金等违纪、违法行为上。

一般来说,现金清查多采用突击盘点方法,不预先通知出纳员,以防预先做手脚;盘点时间最好在一天业务没有开始之前或一天业务结束后,由出纳员将截止清查时现金收付账项全部登记入账,并结出账面余额。这样可以避免干扰正常的业务。

清查时出纳员应始终在场,并给予积极的配合。清查结束后,应由清查人填制"库存现金盘点报告表",填写账存、实存以及溢余或短缺金额,并说明原因,上报有关部门或负责人进行处理。"库存现金盘点报告表"的格式如表4-1所示。

表 4-1

库存现金盘点报告表

单位名称：　　　　　　　　　　　年　月　日　　　　　　　　　单位:元

实存金额	账存金额	实存与账存对比		备　注
		长款	短款	

盘点人签章：　　　　　　　　　　　　　　　　　　　出纳员签章：

5. 现金保管制度

现金保管制度一般应包括以下一些内容。

① 超过库存限额以外的现金应在下班前送存银行。

② 为加强对现金的管理,除工作时间需要的小量备用金可放在出纳员的抽屉内,其余则应放入出纳专用的保险柜内,不得随意存放。

③ 限额内的库存现金当日核对清楚后,一律放在保险柜内,不得放在办公桌内过夜。

④ 单位的库存现金不准以个人名义存入银行,以防止有关人员利用公款私存取得利息收入,也防止单位利用公款私存形成账外小金库。银行一旦发现公款私存现象,可以对该单位处以罚款;情节严重的,可以冻结该单位的现金支付。

⑤ 库存现金包括纸币和铸币,应实行分类保管。各单位的出纳员对库存票币分别按照纸币的票面金额和铸币的币面金额,以及整数(即大数)和零数(即小数)分类保管。

五、库存现金的核算

为了总括地反映企业库存现金的收入、支出和结存情况，企业应当设置"库存现金"科目，借方登记现金的增加，贷方登记现金的减少，期末余额在借方。库存现金的账户结构如图4-1所示，它反映了企业实际持有的库存现金的金额。

借方	库存现金	贷方
库存现金增加		库存现金减少
期末库存现金实存数额		

图4-1　库存现金的账户结构

1. 库存现金收入的核算

企业可以通过从银行提取现金、小额现金销售、垫付款项的收回等多种途径实现库存现金的增加。其会计分录的写法如下。

借：库存现金
　　贷：银行存款等

例 4-1

某企业从银行取出30 000元现金备发工资，应编制如下会计分录。

借：库存现金　　　　　　　　　　　　　　　30 000
　　贷：银行存款　　　　　　　　　　　　　　　30 000

2. 库存现金支出的核算

企业可以在现金使用范围的规定内支出现金。其会计分录的写法如下。

借：相关会计科目
　　贷：库存现金

例 4-2

某企业用现金30 000元发放员工工资，应编制如下会计分录。

借：应付职工薪酬　　　　　　　　　　　　　30 000
　　贷：库存现金　　　　　　　　　　　　　　　30 000

知识二　银行存款

定义

银行存款是企业存放在银行或其他金融机构的货币资金，是企业货币资产的重要组成部分。

银行存款主要核算企业银行账户的资金,银行账户是各单位通过银行办理转账、结算、信贷以及现金收付业务的主要工具。

一、银行结算账户的管理

银行存款账户分为基本存款账户、一般存款账户、专用存款账户和临时存款账户。

1. 基本存款账户

基本存款账户是指单位办理日常转账结算和现金收付而开立的银行结算账户,是存款人的主要存款账户。

该账户用于存款人日常经营活动的资金收付及存款人的工资、奖金和现金的支取。开立基本存款账户实行开户许可证制度,开立单位应按照规定的程序办理并提交有关证明文件,由中国人民银行当地分支机构审核批准后方可开立。一个单位只能开立一个基本存款账户。

2. 一般存款账户

一般存款账户是指单位因借款或其他结算需要,在基本存款账户开户银行以外的银行营业机构开立的银行结算账户。

一般存款账户主要用于办理存款人借款转存、借款归还和其他结算的资金收付。一般存款账户可以办理现金交存,但不得办理现金支取。单位可以根据自己业务的需要在不同的银行开立多个一般存款账户。

3. 专用存款账户

专用存款账户是指单位按照法律、行政法规和规章,对有特定用途的资金进行专项管理和使用而开立的银行结算账户。

专用存款账户适用于基本建设资金,更新改造资金,财政预算外资金,粮、棉、油收购资金,证券交易结算资金,期货交易保证金,信托基金,住房基金,社会保障基金,收入汇交资金,业务支出资金等专项管理和使用的资金。

4. 临时存款账户

临时存款账户是指单位因临时需要并在规定期限内使用而开立的银行结算账户。

临时存款账户主要用于办理临时机构以及企业临时经营活动发生的资金收付,单位可以通过本账户办理转账结算和根据国家现金管理的规定办理现金收付。

注册验资的临时存款账户在验资期间只收不付。临时存款账户有效期最长不得超过两年。

二、银行结算方式

银行结算方式主要有银行汇票、银行本票、商业汇票、支票、汇兑、托收承付、委托收款、信用卡和信用证等,如图 4-2 所示。

```
                    ┌ 票据      ┌ 银行汇票
                    │           │ 银行本票
银                  │           │ 商业汇票
行                  │           └ 支票
结                  │
算                  │ 结算方式  ┌ 汇兑
方                  │           │ 托收承付
式                  │           └ 委托收款
                    │
                    │ 信用卡
                    │
                    └ 信用证
```

图 4-2 银行结算的方式

(一)银行汇票

银行汇票是汇款人将款项交存当地银行,由出票银行签发,由其在见票时按照实际结算金额无条件支付给收款人或者持票人的款项的票据。汇票是国际结算中使用最广泛的一种信用工具。

银行汇票的付款期为 1 个月,逾期的汇票,兑付银行不予受理。

银行汇票作为一种银行结算票据,具有以下六大优势。

① 申请人和收款人没有限制,既可以是单位,也可以是个人。

② 兑付自由,可以同城兑付,也可以异地兑付。

③ 金额没有限制,可大可小。

④ 不受有无开立账户限制,不管申请人和收款人是否在银行开设账户,都可以使用银行汇票。

⑤ 申请灵活,申请人在申请使用银行汇票时,可以支付现金,也可以采用银行转账的方式。

⑥ 用途不限,可以用于商品或劳务的交易往来,也可用于其他事项。

(二)银行本票

银行本票是申请人将款项交存银行,由银行签发凭以办理转账或提取现金的一种票据。

银行本票适用于同一票据交换区域需要支付各种款项的单位和个人。

银行本票按照金额是否固定可以分为不定额和定额两种。

与其他银行结算方式相比,银行本票使用方便,信誉度高,支付能力强。

(三)商业汇票

商业汇票是出票人签发的,委托付款人在指定日期无条件支付确定的金额给收款人或者持票人的票据。使用商业汇票必须要有真实的交易关系或债权债务关系。商业汇票的付款期限由交易双方商定,最长不超过 6 个月。商业汇票的提示付款期限自商业汇票到期日起 10 日内。

商业汇票按承兑人划分,可以分为商业承兑汇票和银行承兑汇票。

商业汇票具有以下一些特点。

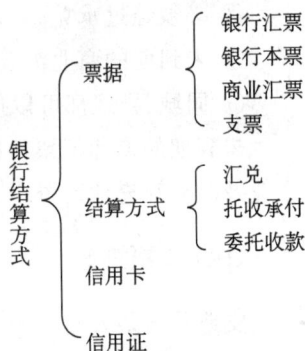

① 适用范围相对较窄,只适用于企业之间由于先发货后收款或双方约定延期付款的商品交易。

② 使用对象有条件限制,一是在银行开立账户;二是具有法人资格。

③ 必须经过承兑。

④ 未到期的商业汇票可以到银行办理贴现。

⑤ 同城、异地都可以使用,而且没有结算起点的限制。

未到期的商业汇票可以通过银行办理贴现,从而使结算和银行资金融通相结合,有利于企业及时地补充流动资金,维持生产经营的正常进行。

(四) 支票

支票是出票人签发的,委托办理支票存款业务的银行在见票时无条件支付确定的金额给收款人或持票人的票据。支票的提示付款期限为 10 天,超过提示付款期限提示付款的,持票人的开户银行不予受理,付款人不予付款。

由于支票的有效期很短,因此其信用功能较汇票和本票弱得多,主要用于支付。

　　　　支票出票人签发的支票金额,不得超出其在付款人处的存款金额。否则称为空头支票,出票人要负法律责任。

支票分为现金支票和转账支票。现金支票只能提取现金,不能转账;转账支票只能转账,不能提取现金。

(五) 汇兑

汇兑是汇款人委托银行将款项汇给外地收款人的结算方式。汇兑分为信汇和电汇两种。信汇费用较低,但速度慢;电汇速度快,但费用比较高。

(六) 托收承付

托收承付是根据购销合同由收款人发货后,委托银行向异地付款人收取款项,由付款单位向银行承认付款的结算方式。

托收承付适用于合法的商品交易,以及因商品交易而产生的劳务供应的款项;适用于国有企业、供销合作社以及经营管理较好,并经开户银行审查同意的城乡集体所有制企业。代销、寄销、赊销商品的款项不得办理托收承付结算。托收承付结算每笔的金额起点为 10 000 元,新华书店系统每笔的金额起点为 1 000 元。

（七）委托收款

委托收款是收款人委托银行向付款人收取款项的结算方式,可分为邮寄和电报划回两种。委托收款适用于同城和异地结算,且不受金额起点的限制。

委托收款是一种建立在商业信用基础上的结算方式,银行不参与监督,结算中发生争议由双方自行协商解决。因此,收款单位在选用这种结算方式时应当慎重,应当了解付款方的资信状况,以免发货或提供劳务后不能及时收回款项。

三、银行存款的清查

银行存款的清查是通过与开户银行转来的对账单进行核对,查明银行存款的实有数额。银行存款日记账与开户银行转来的对账单不一致的原因有两个方面:一是双方或一方记账有错误;二是存在未达账项。

> 银行存款日记账与银行对账单的核对属于账实核对。

所谓未达账项,是指企业与银行之间,由于凭证传递上的时间差,一方已登记入账,而另一方因尚未接到凭证而未登记入账的款项。具体来说,未达账项大致有下列四种情况。

① 企业已收,银行未收。即企业已收款入账,银行尚未收款入账。
② 企业已付,银行未付。即企业已付款入账,银行尚未付款入账。
③ 银行已收,企业未收。即银行已收款入账,企业尚未收款入账。
④ 银行已付,企业未付。即银行已付款入账,企业尚未付款入账。

其中,在第①种、第②种情况下,会使企业账面的存款余额大于银行对账单的余额;而在第③种、第④种情况下,又会使企业账面的存款余额小于银行对账单的余额。因此,在清查银行存款时,如出现未达账项,应通过编制银行存款余额调节表进行调整。银行存款余额调节表如表4-2所示。

表4-2

银行存款余额调节表

年　月　日

单位:元

项目(代表企业方)	金额	项目(代表银行方)	金额
企业银行存款日记账余额 加:银行已收,企业未收 减:银行已付,企业未付		银行对账单余额 加:企业已收,银行未收 减:企业已付,银行未付	
调节后存款余额		调节后存款余额	

　　银行存款余额调节表的编制方法一般是在企业与银行双方的账面余额的基础上,各自加上对方已收而本单位未收的款项,减去对方已付而本单位未付的款项。经过调节后,双方的余额应相互一致。

四、银行存款的核算

　　为了反映银行存款的收支、结存情况,企业应设置“银行存款”账户,该账户是资产类账户,借方登记银行存款的增加,贷方登记银行存款的减少,期末余额在借方,反映期末银行存款的实有数。银行存款账户的结构如图4-3所示。

借方	银行存款	贷方
银行存款增加	银行存款减少	
期末银行存款实存数额		

图4-3　银行存款账户的结构

1. 银行存款收入的核算

　　银行存款收入是指银行存款的增加。下面以例题来介绍银行存款收入的核算。

例 4-3

　　将现金1 800元存入银行。编制会计分录如下。

借:银行存款　　　　　　　　　　　　　　　　　　　　1 800

　贷:库存现金　　　　　　　　　　　　　　　　　　　　1 800

例 4-4

　　从银行取得短期借款200 000元。编制会计分录如下。

借:银行存款　　　　　　　　　　　　　　　　　　　　200 000

　贷:短期借款　　　　　　　　　　　　　　　　　　　　200 000

2. 银行存款支出的核算

　　银行存款支出是指银行存款的减少。下面以例题来介绍银行存款支出的核算。

例 4-5

　　提取现金42 000元用于发放工资。编制会计分录如下。

借：库存现金   42 000

    贷：银行存款   42 000

例 4-6

某企业采购原材料，价款 300 000 元，增值税 51 000 元，均以银行存款支付，材料已经入库。编制会计分录如下。

借：原材料   300 000

    应交税费——应交增值税（进项税额）   51 000

    贷：银行存款   351 000

例 4-7

用银行存款偿还应付账款 100 000 元。编制会计分录如下。

借：应付账款   100 000

    贷：银行存款   100 000

知识三 其他货币资金

定义

其他货币资金是指企业除库存现金、银行存款以外的各种货币资金。

一、其他货币资金的内容

其他货币资金包括企业的外埠存款、银行汇票存款、银行本票存款、信用证存款、信用卡存款和存出投资款等。

1. 外埠存款

外埠存款是指企业到外地进行临时或零星采购时，汇往外地银行开设的采购专户的款项。

2. 银行汇票存款

银行汇票存款是指汇款人将款项交存当地银行，由银行签发给汇款人持往异地办理转账结算或支取现金的票据，在尚未办理结算之前的存款。

3. 银行本票存款

银行本票存款是指申请人将款项交存银行，由银行签发给其在同一票据交换区凭以办理转账结算或支取现金的票据，在办理结算之前形成的存款。

4. 信用证存款

信用证存款又称信用证保证金存款，是指采用信用证结算方式的企业为取得信用证而按规定存入银行信用证保证金专户的款项。

5. 信用卡存款

信用卡存款是指企业为取得信用卡按照规定存入银行信用卡专户的款项。

6. 存出投资款

存出投资款是指企业已存入证券公司但尚未进行投资的款项。

二、其他货币资金的核算

为了反映和监督其他货币资金的收支与结存情况,企业应当设置"其他货币资金"科目,借方登记其他货币资金的增加数,贷方登记其他货币资金的减少数,期末余额在借方,反映企业实际持有的其他货币资金。本科目应按其他货币资金的种类设置明细科目。

1. 外埠存款的核算

企业将款项汇往外地时,应填写汇款委托书,委托开户银行办理汇款。汇入地银行以汇款单位名义开立临时采购账户,该账户的存款不计利息、只付不收、付完清户,除了采购人员可从中提取少量现金外,一律采用转账结算。

企业将款项汇往外地开立的采购专用账户时,根据汇出款项凭证,编制付款凭证,进行账务处理,借记"其他货币资金——外埠存款"科目,贷记"银行存款"科目;收到采购人员转来供应单位发票账单等报销凭证时,借记"材料采购"或"原材料"、"库存商品"、"应交税费——应交增值税(进项税额)"等科目,贷记"其他货币资金——外埠存款"科目;采购完毕收回剩余款项时,根据银行的收账通知,借记"银行存款"科目,贷记"其他货币资金——外埠存款"科目。

2. 银行汇票存款的核算

汇款单位(即申请人)使用银行汇票,应向出票银行填写银行汇票申请书,填明收款人名称、汇票金额、申请人名称、申请日期等事项并签章,签章为其预留银行的签章。出票银行受理银行汇票申请书,收妥款项后签发银行汇票,并用压数机压印出票金额,将银行汇票和解讫通知一并交给申请人。

申请人应将银行汇票和解讫通知一并交付给汇票上记明的收款人。收款人受理申请人交付的银行汇票时,应在出票金额以内,根据实际需要的款项办理结算,并将实际结算的金额和多余金额准确、清晰地填入银行汇票和解讫通知的有关栏内,到银行办理款项入账手续。收款人可以将银行汇票背书转让给被背书人。

银行汇票的背书转让以不超过出票金额的实际结算金额为准。未填写实际结算金额或实际结算金额超过出票金额的银行汇票,不得背书转让。银行汇票的提示付款期限为自出票日起一个月,持票人超过付款期限提示付款的,银行将不予受理。持票人向银行提示付款时,必须同时提交银行汇票和解讫通知,缺少任何一联,银行不予受理。

银行汇票丧失,失票人可以凭人民法院出具的其享有票据权利的证明,向出票银行请求付款或退款。

企业填写银行汇票申请书,将款项交存银行时,借记"其他货币资金——银行汇票存款"科目,贷记"银行存款"科目;企业持银行汇票购货,收到有关发票账单时,借记"材料采购"或"原材料"、"库存商品"、"应交税费——应交增值税(进项税额)"等科目,贷记"其他货币资金——银行汇票存款"科目;采购完毕收回剩余款项时,借记"银行存款"科目,贷记"其他货币资金——银行汇票存款"科目;企业收到银行汇票,填制进账单到开户银行办理款项入账手续时,根据进账单及销货发票等,借记"银行存款"科目,贷记"主营业务收入"、"应交税费——应交增值税(销项税额)"等科目。

3. 银行本票存款的核算

银行本票分为不定额本票和定额本票两种。定额本票面额为 1 000 元、5 000 元、10 000 元和 50 000 元。银行本票的提示付款期限自出票日起最长不得超过两个月。在有效付款期内,银行见票付款。持票人超过付款期限提示付款的,银行不予受理。

申请人使用银行本票,应向银行填写银行本票申请书。出票银行受理银行本票申请书,收妥款项后签发银行本票,在本票上签章后交给申请人。申请人应将银行本票交付给本票上记明的收款人。收款人可以将银行本票背书转让给被背书人。

申请人因银行本票超过提示付款期限或其他原因要求退款时,应将银行本票提交到出票银行并出具单位证明。出票银行对于在本行开立存款账户的申请人,只能将款项转入原申请人账户。

银行本票丧失,失票人可以凭人民法院出具的其享有票据权利的证明,向出票银行请求付款或退款。

企业填写银行本票申请书,将款项交存银行时,借记"其他货币资金——银行本票存款"科目,贷记"银行存款"科目;企业持银行本票购货,收到有关发票账单时,借记"材料采购"或"原材料"、"库存商品"、"应交税费——应交增值税(进项税额)"等科目,贷记"其他货币资金——银行本票存款"科目;企业收到银行本票,填制进账单到开户银行办理款项入账手续时,根据进账单及销货发票等,借记"银行存款"科目,贷记"主营业务收入"、"应交税费——应交增值税(销项税额)"等科目。

4. 信用证保证金存款的核算

企业填写信用证申请书,将信用证保证金交存银行时,应根据银行盖章退回的信用证申请书回单,借记"其他货币资金——信用证保证金"科目,贷记"银行存款"科目。企业接到开证行通知,根据供货单位信用证结算凭证及所附发票账单,借记"材料采购"或"原材料"、"库存商品"、"应交税费——应交增值税(进项税额)"等科目,贷记"其他货币资金——信用证保证金"科目;将未用完的信用证保证金存款余额转回开户银行时,借记"银行存款"科目,贷记"其他货币资金——信用证保证金"科目。

5. 信用卡存款的核算

凡在中国境内金融机构开立基本存款账户的单位可申领单位卡。单位卡可申领若干张,持卡人资格由申领单位法定代表人或其委托的代理人书面指定和注销。单位卡账户的资金一律从其基本存款账户转账存入,不得交存现金,不得将销货收入的款项存入其账户。持卡人可持信用卡在特约单位购物、消费,但单位卡不得用于 10 万元以上的商品交易、劳务供应款项的结算,不得支取现金。特约单位在每日营业终了,应将当日受理的信用卡签购单汇总,计算手续费和净计金额,并填写汇(总)计单和进账单,连同签购单一并送交收单银行办理进账。

信用卡按是否向发卡银行交存备用金分为贷记卡、准贷记卡两类。贷记卡是指发卡银行给予持卡人一定的信用额度,持卡人可在信用额度内先消费、后还款的信用卡。准贷记卡是指持卡人须先按发卡银行要求交存一定金额的备用金,当备用金账户余额不足支付时,可在发卡银行规定的信用额度内透支的信用卡。

准贷记卡的透支期限最长为 60 天,贷记卡的首月最低还款额不得低于其当月透支余额的 10%。

企业填制信用卡申请表,连同支票和有关资料一并送存发卡银行时,根据银行盖章退回的进账单第一联,借记"其他货币资金——信用卡存款"科目,贷记"银行存款"科目;企业用信用卡购物或支付有关费用,收到开户银行转来的信用卡存款的付款凭证及所附发票账单时,借记"管理费用"等科目,贷记"其他货币资金——信用卡存款"科目;企业的信用卡在使用过程中,需要向其账户续存资金的,借记"其他货币资金——信用卡存款"科目,贷记"银行存款"科目;企业的持卡人如不需要继续使用信用卡时,应持信用卡主动到发卡银行办理销户,销卡时,单位卡科目余额转入企业基本存款户,不得提取现金,借记"银行存款"科目,贷记"其他货币资金——信用卡存款"科目。

6. 存出投资款的核算

企业向证券公司划出资金时,应按实际划出的金额,借记"其他货币资金——存出投资款"科目,贷记"银行存款"科目;购买股票、债券等时,借记"交易性金融资产"等科目,贷记"其他货币资金——存出投资款"科目。

同步训练

训练一　熟悉货币资金的相关内容(上)

【训练要求】以下各题只有一个正确选项,请将正确选项的序号填在括号内。

1. 按照现金内部控制制度的要求,下列说法不正确的是(　　)。
   A. 现金要实行日清月结
   B. 各种现金开支要进行审批
   C. 单位的库存现金可以以个人名义存入银行
   D. 库存的纸币和铸币应实行分类保管

2. 下列不属于现金结算范围的是(　　)。
   A. 职工工资、各种工资性津贴
   B. 根据国家规定颁发给个人的科学技术、文化艺术、体育等各种奖金
   C. 出差人员必须随身携带的差旅费
   D. 单位超出限额的采购一律采用转账的方式支付

3. 下列不通过其他货币资金核算的是(　　)。
   A. 存出投资款　　　B. 信用证存款　　　C. 信用卡存款　　　D. 备用金

4. 银行汇票存款通过(　　)科目核算。
   A. 银行存款　　　B. 其他货币资金　　　C. 应付票据　　　D. 应收票据

5. 银行本票存款通过(　　)科目核算。
   A. 银行存款　　　B. 其他货币资金　　　C. 应付票据　　　D. 应收票据

6.（　　）不得办理库存现金支取。

  A. 基本存款账户   B. 一般存款账户

  C. 临时存款账户   D. 个人银行结算账户

训练二　熟悉货币资金的相关内容（下）

【训练要求】以下各题有多个正确选项，请将正确选项的序号填在括号内。

1. 下列符合库存现金保管制度的是（　　）。

  A. 超过库存限额的现金应在当日下班前送存银行

  B. 超过库存限额的现金应在次日下班前送存银行

  C. 限额内的库存现金下班后可以自由存放在出纳员的抽屉内过夜

  D. 限额内的库存现金下班后必须存放在保险柜内

2. 下列符合库存现金收支规定的是（　　）。

  A. 企业的库存现金收入当日必须送存银行

  B. 一般不允许坐支

  C. 提现时开具库存现金支票

  D. 各单位购买国家规定的专控商品一律采用转账的方式支付

3. 下列各项中,（　　）属于库存现金的使用范围。

  A. 工资性津贴   B. 抚恤金

  C. 个人劳务报酬   D. 大额购货款

4. 下列各项中,通过其他货币资金核算的有（　　）。

  A. 外埠存款   B. 银行本票存款

  C. 银行汇票存款   D. 商业汇票

5. 商业汇票按承兑人不同可以分为（　　）。

  A. 定额汇票   B. 非定额汇票

  C. 商业承兑汇票   D. 银行承兑汇票

6. 关于银行存款账户,下列说法正确的是（　　）。

  A. 基本存款账户可以办理日常结算和库存现金收付,如工资、奖金的提取

  B. 一般存款账户可以办理转账结算和存入库存现金,也可以支取库存现金

  C. 专用存款账户是为特定用途的资金开立的账户,如基本建设专项资金、农副产品资金等

  D. 为异地采购开立的临时采购账户属于临时存款账户

训练三　认识货币资金管理的重要性

【训练要求】请对以下案例进行分析、总结。

  一家国有小企业,其财务部门设置了财务经理、会计、出纳三个岗位,其中出纳员是一位刚从职高毕业的女孩。按照公司惯例,出纳员负责现金、银行存款的收付,并掌管空白支票和企业在银行预留的法人代表印章、公司财务专用章;负责从银行取回银行对账单,并进行核对。

女孩有一位男朋友,男朋友要女孩找钱买辆摩托车。百般无奈,女孩只好壮胆偷拿了公司一张 7 000 多元的支票,以满足男朋友的心愿。从此,女孩每天提心吊胆,一边祈求不被别人发现,一边积极筹钱还账。可每个月几百元的工资,还钱谈何容易。女孩明白,她偷拿的支票只要银行对账单一来就可能被人发现。于是,她每天有事无事都往银行跑。银行对账单终于取到了,她将对账单拿回家,将对账单上自己偷拿的那笔款去掉,重新打印一张,并到附近刻了一个"萝卜章"盖上。回单位后,她装模作样地对账,还编了一张银行存款余额调节表。女孩在忐忑不安中度过了一个月,谢天谢地,平安无事。

在这之后,男朋友变本加厉,胃口越来越大,女孩的胆子也越来越大。在前后不到一年的时间里,她共 8 次采用同样手法挪用公款 120 万元,当然,她也不再自编银行对账单了。直到男朋友携款外逃,女孩才如梦方醒,自知罪孽深重和走投无路,只好投案自首。

资料来源:杨有红,欧阳爱平. 中级财务会计. 北京:北京大学出版社,2009.

【分析】

① 从该企业的货币资金岗位分工、责任控制制度角度,对本案做一评论。

② 从本案中,你获得了哪些启示?

训练四　辨识库存现金清查的正确做法

【训练要求】 请对以下案例进行分析、总结。

小王是某公司的出纳员,在 2010 年 9 月 12 日和 15 日这两天的现金业务结束后的例行现金清查中,分别发现现金短缺 100 元和现金溢余 50 元,对此他经过反复思考也弄不清楚原因。为了保全自己的面子,同时又考虑到两次账实不符的金额较小,他决定采取下述办法进行处理:现金短缺的 100 元自己掏腰包补齐;现金溢余的 50 元,暂时收起。

【分析】 小王的做法是否符合规定? 当你在工作中出现类似情况时应怎么处理?

任务二

核算采购业务

采购业务和财务报表的项目密切相关,采购所涉及的财务报表项目主要是资产负债表项目,通常为存货、固定资产、在建工程、应付票据、应付账款等。

采购是指企业在一定的条件下从供应市场获取产品或服务作为企业资源,以保证企业生产及经营活动正常开展的一项企业经营活动。采购是一个商业性质的有机体为维持正常运转而寻求从体外摄入的过程。

企业采购活动常常涉及存货、固定资产、货币资金和应付账款等项目的核算。

例如,企业采购一批原材料,会计核算应借记"原材料"、"应交税费——应交增值税(进项税额)",贷记"银行存款"或"应付账款"等科目。其中,"原材料"属于存货众多类型中的一种,"应交税费——应交增值税(进项税额)"属于增值税的核算,"应付账款"属于负债中的科目。

学习引导

知识一　存货

> **定义**
>
> 存货是指企业在日常活动中持有以备出售的产成品或商品,处在生产过程中的在产品,在生产过程或提供劳务过程中耗用的材料、物料等。

企业持有存货的目的,一方面是为了保证生产或销售的经营需要;另一方面是出自价格的考虑,零购物资的价格往往较高,而整批购买在价格上有优惠。

存货区别于固定资产等非流动资产的基本特征是,企业持有存货的最终目的是为了出售,不论是可供直接销售的产成品、商品等,还是需经过进一步加工后才能出售的原材料等都是存货。

一、存货的用途

存货依据企业的性质、经营范围并结合其用途,一般可分为制造业存货、流通企业存货和其他行业存货。

① 制造业存货主要有原材料、委托加工材料、包装物、低值易耗品、在产品及自制半成品、产成品。

② 流通企业存货主要有商品、材料物资、低值易耗品、包装物等。

③ 其他行业(一般是指服务业)存货主要有各种少量物料用品、办公用品、家具用品等。

存货是企业重要的流动资产,主要包括分布在储备、生产、成品形态上的资产。结合财务报表及其附注,可以从总量的比重上分析存货是否符合企业生产经营的特点;从结构上分析各类存货能否保证供、产、销环节顺利进行;从增量上分析是否与生产经营规模相适应;从质量上分析是否存在超储积压,成品是否具有市场竞争力。

二、存货的确认条件

存货应在同时满足以下两个条件时才能加以确认。

（一）该存货包含的经济利益很可能流入企业

企业在确认存货时,需要判断与该项存货相关的经济利益是否很可能流入企业。在实际工作中,主要通过判断与该项存货所有权相关的风险和报酬是否转移到了企业来确定。其中,与存货所有权相关的风险,是指由于经营情况发生变化造成的相关收益的变动,以及由于存货滞销、毁损等原因造成的损失;与存货所有权相关的报酬,是指在出售该项存货或其经过进一步加工取得的其他存货时获得的收入,以及处置该项存货实现的利润等。

这一条件中的"很可能",是指发生的可能性为"大于50％但小于或等于95％"。与之相对应的其他表示可能性的条件为:"基本确定",指发生的可能性为"大于95％但小于100％";"可能",指发生的可能性为"大于5％但小于或等于50％";"极小可能",指发生的可能性为"大于0但小于或等于5％"。

通常情况下,取得存货的所有权是与存货相关的经济利益很可能流入本企业的一个重要标志。例如,根据销售合同已经售出(取得现金或收取现金的权利)的存货,其所有权已经转移,与其相关的经济利益已不能再流入本企业,此时,即使该项存货尚未运离本企业,也不能再确认为本企业的存货。又如,委托代销商品,由于其所有权并未转移至受托方,因而委托代销的商品仍应当确认为委托企业存货的一部分。总之,企业在判断与存货相关的经济利益能否流入企业时,主要结合该项存货所有权的归属情况进行分析确定。

（二）该存货的成本能够可靠地计量

作为企业资产的组成部分,要确认存货,企业必须能够对其成本进行可靠地计量。存货的成本能够可靠地计量必须以取得确凿、可靠的证据为依据,并且具有可验证性。如果存货成本不能可靠地计量,则不能确认为一项存货。

例如,企业承诺的订货合同,由于并未实际发生,不能可靠确定其成本,因此就不能确认为购买企业的存货。又如,企业预计发生的制造费用,由于并未实际发生,不能可靠地确定其成本,因此不能计入产品成本。

三、存货的初始计量

存货应当按照成本进行初始计量。存货成本包括采购成本、加工成本和其他成本。

不同存货的成本构成内容不同。原材料、商品、低值易耗品等通过购买而取得的存货的初始成本由采购成本构成;产成品、在产品、半成品、委托加工物资等通过进一步加工而取得的存货的初始成本由采购成本、加工成本以及使存货达到目前场所和状态所发生的其他成本构成。

（一）外购的存货

存货的采购成本包括购买价款、相关税费、运输费、装卸费、保险费以及其他可归属于存货采购成本的费用。

① 购买价款，是指企业购入材料或商品的发票上列明的价款，但不包括按规定可以抵扣的增值税进项税额。

② 相关税费，是指企业购买、自制或委托加工存货所发生的消费税、资源税和不能从增值税销项税额中抵扣的进项税额等。

③ 其他可归属于存货采购成本的费用，即采购成本中除上述各项以外的可归属于存货采购成本的费用，如在存货采购过程中发生的仓储费与包装费、运输途中的合理损耗、入库前的整理费用等。这些费用能分清负担对象的，应直接计入存货的采购成本；不能分清负担对象的，应选择合理的分配方法，分配计入有关存货的采购成本。分配方法通常包括按所购存货的重量或采购价格的比例进行分配。

但是，对于采购过程中发生的物资毁损、短缺等，除合理的损耗应作为存货的其他可归属于存货采购成本的费用计入采购成本外，应区别不同情况进行会计处理：应从供货单位、外部运输机构等收回的物资短缺或其他赔款，冲减物资的采购成本；因遭受意外灾害发生的损失和尚待查明原因的途中损耗，不得增加物资的采购成本，应暂时作为待处理财产损溢进行核算，在查明原因后再做处理。

商品流通企业在采购商品过程中发生的运输费、装卸费、保险费以及其他可归属于存货采购成本的费用等，可以先进行归集，期末再根据所购商品的存销情况进行分摊。对于已售商品的进货费用，计入当期损益；对于未售商品的进货费用，计入期末存货成本。企业采购商品的进货费用金额较小的，可以在发生时直接计入当期损益。

企业外购的原材料，由于结算方式和采购地点的不同，材料入库和货款的支付在时间上不一定完全同步，相应的账务处理也有所不同。

（二）进一步加工而取得的存货

1. 委托外单位加工的存货

委托外单位加工完成的存货，以实际耗用的原材料或者半成品、加工费、运输费、装卸费等费用以及按规定应计入成本的税金，作为实际成本。其在会计处理上主要包括拨付加工物资、支付加工费用和税金、收回加工物资和剩余物资等几个环节。

2. 自行生产的存货

自行生产的存货的初始成本包括投入的原材料或半成品、直接人工和按照一定方式分配的制造费用。制造费用是指企业为生产产品和提供劳务而发生的各项间接费用，包括企业生产部门（如生产车间）管理人员的薪酬、折旧费、办公费、水电费、物料消耗、劳动保护费、季节性和修理期间的停工损失等。在生产车间只生产一种产品的情况下，企业归集的制造费用可直接计入该产品成本；在生产多种产品的情况下，企业应采用与该制造费用相关性较强的方法对其进行合理分配。通常采用的方法有生产工人工时比例法、生产工人工资比例法、机器工时比例法和按年度计划分配法等，还可以按照耗用原材料的数量或成本、直接成本及产品产量分配制造费用。

四、存货的核算

在企业经营过程中,总是在不断地购入、耗用或销售存货,每个会计期都要进行存货的会计核算。存货的核算是企业会计核算的一项重要内容,应正确计算存货购入成本,反映和监督存货的收发、领退和保管情况,以促进企业提高资金的使用效果。材料的出入库成本核算分为实际价核算和计划价核算,在实际价核算中又分为先进先出法、移动加权平均、全月一次加权平均和个别计价四种方式。

进行存货计价时,计价方法常常是按存货类别设置的,每一种存货只能设置一种计价方法。需要指出的是,计价方法一经选用,不得随意改变,确实需要改变计价方法的,应当在下一纳税年度开始前报主管税务机关备案,并在会计报告中进行披露。

为了便于对不同存货的管理与核算,对于企业的存货应按其不同作用、特点分别设置相应的会计科目,如"在途物资"、"原材料"、"库存商品"等。

(一)购入存货的核算

存货按实际成本核算的特点是,从存货收发凭证到明细分类账和总分类账全部按实际成本计价。实际成本法一般适用于规模较小、存货品种简单、采购业务不多的企业。

在实际成本法下,购入原材料通过"原材料"和"在途物资"科目核算。

企业外购材料时,由于结算方式和采购地点的不同,材料入库和货款的支付在时间上不一定完全同步,相应地其账务处理也有所不同,一般可分为以下三种情况。

① 材料与结算凭证均已收到。

例 4-8

A 企业 4 月 11 日购入 B 材料 10 吨,收到的增值税专用发票上列明成本 20 000 元,增值税 3 400 元,款项已由银行存款支付,材料已验收入库。编制会计分录如下。

借:原材料　　　　　　　　　　　　　　　　　　　　　　20 000
　　应交税费——应交增值税(进项税额)　　　　　　　　　　3 400
　　贷:银行存款　　　　　　　　　　　　　　　　　　　　　　　23 400

② 结算凭证已到,企业已经支付货款,但材料尚未收到。

例 4-9

A 企业 4 月 18 日收到银行转来的委托收款凭证及 6 吨乙材料的发票运单,增值税专用发票上列明采购成本 20 000 元,增值税 3 400 元,款项已由银行支付,但材料尚未到达。编制会计分录如下。

借:在途物资　　　　　　　　　　　　　　　　　　　　　　20 000

应交税费——应交增值税(进项税额)　　　　　　　3 400

　　贷：银行存款　　　　　　　　　　　　　　　　　　　　23 400

4月22日，材料到达并验收入库。编制会计分录如下。

借：原材料　　　　　　　　　　　　　　　　　20 000

　　贷：在途物资　　　　　　　　　　　　　　　　　　　　20 000

③ 对于尚未收到发票账单的收料凭证，月末应暂估价格入账，下月初再用红字记账凭证予以冲回。

例 4-10

A企业4月28日收到B材料6吨，估计成本12 000元，已验收入库。4月30日仍未收到结算凭证。编制会计分录如下。

借：原材料　　　　　　　　　　　　　　　　　12 000

　　贷：应付账款　　　　　　　　　　　　　　　　　　　　12 000

5月1日冲回。编制会计分录如下。

借：原材料　　　　　　　　　　　　　　　　　12 000

　　贷：应付账款　　　　　　　　　　　　　　　　　　　　12 000

(二) 发出存货的核算

存货计价方法不同，对纳税人的应税所得和应纳税额有直接的影响，不同存货计价方法的采用是企业纳税筹划的重要内容。企业可以根据各类存货的性质、企业管理的要求等实际情况，合理选择并确定发出存货的计价方法，来确定发出存货的实际成本，以达到节约税收成本的目的。发出存货成本核算最常见的方法有个别计价法、先进先出法、加权平均法和移动加权平均法。

1. 个别计价法

个别计价法是按照各种存货逐一辨认各批发出存货和期末存货成本的方法。这种方法是把每一种存货的实际成本作为计算发出存货成本和期末存货成本的基础。

采用个别计价法时，必须要有详细的记录，在各批存货上也要有一定的标记以便确认收货批次，从而确定该批发出存货的实际成本。采用这种方法必须有进货和出货的详细的数量与单价的记录，存货的存放位置也要有准确的记录。

在发出商品时，需要分清发出的是哪一批存货，再按其记录的单价来计算该批发出存货的成本价和金额。

个别计价法的计算公式：

发出存货的实际成本＝各批(次)存货发出数量×该批次存货实际进货单价

例 4-11

某工厂本月生产过程中领用 A 材料 2 000 千克,经确认,其中,1 000 千克属于第一批入库,单位成本为 25 元;600 千克属于第二批入库,单位成本为 26 元;400 千克属于第三批入库,单位成本为 28 元。本月发出 A 材料的成本计算如下:

发出材料实际成本＝1 000×25＋600×26＋400×28＝51 800(元)

个别计价法适用于企业为特定的项目专门购入或制造的并单独存放的存货以及贵重存货的计价。例如,个别计价法适用于汽车代理商,因为汽车代理商首先需要严格地将进货商品成本与销售商品的收入一一对应;其次分辨每辆汽车的商品号和与之对应的发票价格比较容易,因此确定每辆汽车的销售毛利也相对比较容易。这种计价方法还适用于房产、船舶、飞机、重型设备、珠宝、名画等贵重物品。

采用个别计价法计算发出存货的成本和期末存货的成本比较合理、准确,但需要对发出和结存存货的批次进行具体认定,以辨别其所属的收入批次,实际操作的工作量繁重,困难较大,并且极易被用做调节利润的手段。因为如果营业不佳,估计利润不高,管理人员就可以高价售出低成本的商品,以提高利润,或以相反的方法调低利润。

2. 先进先出法

先进先出法是指以先购入的存货应先发出(销售或耗用)这样一种存货实物流动假设为前提,对发出存货进行计价的一种方法。采用这种方法,先购入的存货成本在后购入存货成本之前转出,据此确定发出存货和期末存货的成本。具体方法是,收入存货时,逐笔登记收入存货和数量、单价和金额;发出存货时,按照先进先出的原则逐笔登记存货的发出成本和结存金额。

例 4-12

某企业库存为零,1 日购入 A 产品 100 个,单价 2 元;3 日购入 A 产品 50 个,单价 3 元;5 日销售发出 A 产品 120 个。本月发出 A 产品的成本计算如下:

发出材料实际成本＝100×2＋20×3＝260(元)

先进先出法假设先入库的材料先耗用,期末库存材料就是最近入库的材料,因此发出材料按先入库的材料的单位成本计算。

先进先出法在使用中表现为最先售出或使用的存货是库存最久的存货,而仓库的存货却是最近购买的,所以它能够以最接近现实成本的价格反映资产负债表上的期末存货价值,其接近程度依赖于价格变动的速度和存货周转速度,当存货周转速度较快时存货的价值将反映为现实价格。但是在通货膨胀的情况下,会使企业虚增利润,反之则利润低估。

3. 加权平均法

加权平均法又称全月一次加权平均法,是指以本月全部进货数量加月初存货数量作为权数,去除当月全部进货成本加本月初存货成本,计算出存货的加权单位成本,以此为基础计算当月发出存货的成本和期末存货成本的一种方法。

加权平均法的计算公式：

$$加权平均单价 = \frac{期初结存存货实际成本 + 本期收入存货实际成本}{期初结存存货数量 + 本期收入存货数量}$$

$$本期发出存货实际成本 = 本期发出存货数量 \times 加权平均单价$$

例 4-13

2011 年 6 月，红星工厂 A 材料的期初结存和本期购销情况如表 4-3 所示。

表 4-3　2011 年 6 月 A 材料的期初结存和本期购销情况

日　期	摘　要	数量/件	单价/元	金额/元
6 月 1 日	期初结存	150	60	9 000
6 月 15 日	购进	100	62	6 200
6 月 20 日	发出	210		
6 月 28 日	购进	200	68	13 600
6 月 30 日	发出	60		

采用加权平均法对本月发出存货进行计价：

$$加权平均单价 = \frac{9\,000 + 6\,200 + 13\,600}{150 + 100 + 200} = 64(元)$$

$$发出存货的成本 = (210 + 60) \times 64 = 17\,280(元)$$

加权平均法比前两种方法简便，有利于简化成本计算工作，但不利于存货成本的日常管理和控制。加权平均法适用于定期盘存制下存储在同一地点、性能和形态相同的大量存货。

4. 移动加权平均法

移动加权平均法是指本次收货的成本加入原有库存的成本除以本次收货数量加原有存货数量，据以计算加权单价，并对发出存货进行计价的一种方法。其计算原理与加权平均法相同，区别是每购进一次存货就计算一次平均成本。

计算公式为：

$$存货移动加权平均单价 = \frac{原有存货实际成本 + 本批收货实际成本}{原有存货数量 + 本次收货数量}$$

$$本批发货成本 = 本批发货数量 \times 移动加权平均单价$$

例 4-14

对例 4-13 采用移动加权平均法计算发出存货的成本如下：

$$6 月 15 日存货移动加权平均单价 = \frac{9\,000 + 6\,200}{150 + 100} = 60.8(元)$$

$$6 月 20 日发出存货的成本 = 210 \times 60.8 = 12\,768(元)$$

$$6 月 20 日库存存货(数量是 40 件)的成本 = 40 \times 60.8 = 2\,432(元)$$

$$6 月 28 日存货移动加权平均单价 = \frac{2\,432 + 13\,600}{40 + 200} = 66.8(元)$$

6 月 30 日发出存货的成本＝60×66.8＝4 008(元)

6 月份发出存货的成本＝12 768＋4 008＝16 776(元)

这种方法计算比较烦琐,但是其优点在于可以随时了解存货的成本情况,便于加强存货日常管理,适用于永续盘存制。

选择不同的发出存货计价方法将会导致不同的成本水平、报告利润和存货估价,并对企业的税收负担、现金流量产生较大影响。企业应对这个问题进行全面认识、深刻理解,对企业发出存货计价方法做出符合企业实际的选择。

知识二　固定资产

定义

固定资产是指企业使用期限超过一年的房屋、建筑物、机器、机械、运输工具以及其他与生产、经营有关的设备、器具、工具等。

固定资产是企业重要的生产力要素之一,是企业赖以生存的物质基础,是企业产生效益的源泉。固定资产的结构、状况、管理水平等直接影响着企业的竞争力,关系到企业的运营与发展。

固定资产在制造业资产总额中占有很大的比重,固定资产的构建会影响企业的现金流量,固定资产的折旧、维修等费用是影响企业损益的一个重要因素。因此,企业进行科学管理和正确核算固定资产,有利于提高资产使用效率,降低生产成本,保护固定资产的安全、完整,实现资产的保值、增值,增强企业的综合竞争实力。

一、固定资产的特征

从固定资产的定义看,固定资产具有以下三个特征。

1. 固定资产是为生产商品、提供劳务、出租或经营管理而持有

企业持有固定资产的目的是为了生产商品、提供劳务、出租或经营管理,这意味着,企业持有的固定资产是企业的劳动工具或手段,而不是直接用于出售的产品。其中,"出租"的固定资产指用以出租的机器设备类固定资产,不包括以经营租赁方式出租的建筑物,后者属于企业的投资性房地产,不属于固定资产。

2. 固定资产使用寿命超过一个会计年度

固定资产的使用寿命是指企业使用固定资产的预计期间,或者该固定资产所能生产产品或提供劳务的数量。通常情况下,固定资产的使用寿命是指使用固定资产的预计期间。例如,自用房屋建筑物的使用寿命使用年限表示;对于某些机器设备或运输设备等的固定资产,其使用寿命往往以该固定资产所能生产产品或提供劳务的数量来表示,如发电设备按其预计发电量估计使用寿命,汽车或飞机等按其预计行驶里程估计使用寿命。

固定资产使用寿命超过一个会计年度,意味着固定资产属于长期资产,随着使用和磨损,通过计提折旧方式逐渐减少账面价值。

3. 固定资产为有形资产

固定资产具有实物特征,这一特征将固定资产与无形资产区别开来。有些无形资产可能同时符合固定资产的其他特征,如无形资产为生产商品、提供劳务而持有,使用寿命超过一个会计年度,但是由于其没有实物形态,所以不属于固定资产。

对于工业企业所持有的工具、用具、备品备件、维修设备等资产,施工企业所持有的模板、挡板、架料等周转材料,以及地质勘探企业所持有的管材等资产,企业应当根据实际情况,分别管理和核算。尽管这些资产具有固定资产的某些特征,如使用期限超过一年,也能够带来经济利益,但由于数量多、单价低,考虑到成本效益原则,在实际操作中,通常将它们确认为存货。但符合固定资产定义和确认条件的,如企业(民用航空运输)的高价周转件等应当确认为固定资产。

对于构成固定资产的各组成部分,如果各自具有不同使用寿命或者以不同方式为企业提供经济利益,适用不同折旧率或折旧方法的,各组成部分实际上是以独立的方式为企业提供经济利益,因此,企业应当分别将各组成部分确认为单项固定资产。如飞机的引擎,如果其与飞机机身具有不同的使用寿命,适用不同折旧率或折旧方法,则企业应当将其确认为单项固定资产。

二、固定资产的分类

固定资产可以按其经济用途、使用情况、产权归属、实物形态和使用期限进行分类核算。

1. 按经济用途分

按经济用途将固定资产分为生产经营用和非生产经营用两类。

生产经营用固定资产是指直接服务于生产经营全过程的固定资产,如厂房、机器设备、仓库、销售场所、运输车辆等。非生产经营用固定资产是指不直接服务于生产经营,而是为了满足职工物质文化、生活福利需要的固定资产,如职工宿舍、食堂、托儿所、幼儿园、浴室、医务室、图书馆以及科研等其他方面使用的房屋、设备等固定资产。

2. 按使用情况分

按使用情况将固定资产分为使用中、未使用、不需用三类。

使用中固定资产是指企业正在使用的各种固定资产,包括由于季节性和大修理等原因暂时停用以及存放在使用部门以备替换使用的机器设备。未使用固定资产是指尚未投入使用的新增固定资产和经批准停止使用的固定资产。不需用固定资产是指企业不需用、准备处理的固定资产。

3. 按实物形态分

按实物形态将固定资产分为房屋及建筑物、机器设备、电子设备、运输设备及其他设备五大类。

4. 按使用期限分

按固定资产最短使用期限分为 5 年、10 年、20 年。

最短使用期为 5 年的,有电子设备、火车和轮船以外的运输工具,以及与生产经营有关的器具、工具、家具等固定资产；最短使用期限为 10 年的，有火车、轮船、机器、机械和其他生产设备等固定资产；最短使用期为 20 年的，有房屋、建筑物等固定资产。企业在对固定资产最短使用期限分类时，不能将不同使用年限的固定资产划为一类，以免影响固定资产折旧计提的正确性。

三、固定资产的确认条件

一般情况下，固定资产在同时满足以下两个条件时才能予以确认。

1. 固定资产包含的经济利益很可能流入企业

这一条件中所谓的"经济利益"，是指直接或间接地流入企业的现金或现金等价物。固定资产导致经济利益流入企业的方式多种多样，如单独或与其他资产组合为企业带来经济利益，以固定资产交换其他资产，以固定资产偿还债务等。

这一条件是指固定资产产生的经济利益流入企业的可能性超过 50%，但尚未达到"基本确定"的程度。也就是说，这一事项发生的可能性为"大于 50% 但小于或等于 95%"。

固定资产之所以成为资产，就在于其能够为企业带来经济利益。或者说，如果固定资产不能给企业带来经济利益，则该固定资产就不能作为企业的资产列示于资产负债表中。在实际工作中，要确定固定资产产生的经济利益是否很可能流入企业，要求企业实施职业判断。

判断与固定资产有关的经济利益是否很可能流入企业，其主要的判断依据是，与该固定资产所有权相关的风险与报酬是否转移到了企业。其中，与固定资产所有权相关的"风险"，是指由于经营情况变化，造成相关收益的变动，以及由于资产闲置、技术陈旧造成的损失等；与固定资产所有权相关的"报酬"，是指在固定资产可使用的年限内，直接使用固定资产而获得的经济利益或资产增值，以及处置固定资产所实现的收益等。

企业在做这种判断时，需要考虑多种相关因素，如企业的经营战略、在消费者中的信誉度、企业的地理位置、企业的技术开发能力、与该固定资产相关的技术发展程度、该固定资产所生产产品的市场占有率等。

2. 固定资产的成本能够可靠地计量

成本能够可靠地计量，是资产确认的一项基本条件，对于固定资产确认来说尤其如此。如果固定资产的成本不能够可靠地计量，即使其满足了固定资产的定义以及固定资产确认的第一个条件，由于其金额无法表述，企业也不可能对其予以确认。

由于固定资产的取得方式多种多样，因而其成本构成相应地也就不能一概而论。

四、固定资产的初始计量

固定资产应当按照成本进行初始计量。不同方式取得的固定资产的初始计量不同。

1. 外购固定资产

企业外购固定资产的成本，包括购买价款，相关税费（增值税除外），使固定资产达到预定可使用状态前所发生的可归属于该项资产的运输费、装卸费、安装费和专业人员服务费等。外购固定资产分为购入不需要安装的固定资产和购入需要安装的固定资产两类。不需安装的固定资产入账价值主要包括采购成本、运输费、保险费等相关税费作为实际成本；需要安装的固定资产,先将采购成本、运输费、保险费、安装费等在"在建工程"中归集,在安装完毕可正常使用后结转到固定资产。

2. 自行建造的固定资产

自行建造的固定资产,按建造该项资产达到预定可使用状态前所发生的必要支出,作为入账价值。企业为在建工程准备的各种物资,应按实际支付的购买价款、增值税额、运输费、保险费等相关税费作为实际成本,并按各种专项物资的种类进行明细核算。

3. 租入的固定资产

租入的固定资产主要指融资租赁租入的固定资产。融资租赁是指实质上转移了与资产所有权有关的全部风险和报酬的租赁。其所有权最终可能转移,也可能不转移。在融资租赁方式下,承租人应于租赁开始日将租赁开始日租入固定资产公允价值与最低租赁付款额现值两者中较低者作为租入固定资产入账价值,将最低租赁付款额作为长期应付款的入账价值,其差额作为未确认融资费用。

4. 投资者投入固定资产

对于接受固定资产投资的企业,在办理了固定资产移交手续之后,应按投资合同或协议约定的价值加上应支付的相关税费作为固定资产的入账价值,但合同或协议约定价值不公允的除外。

五、固定资产的折旧

固定资产的折旧是对固定资产由于磨损和损耗而转移到产品中去的那一部分价值的补偿。这种磨损和损耗包括有形损耗与无形损耗,有形损耗指由于物质磨损、时间侵蚀、外部事故、破坏因素等原因形成的;无形损耗指由于技术进步造成的固定资产使用效能下降,主要从经济角度来考虑。固定资产折旧是一种费用,只是这种费用没有在计提时发生实际的货币资金支出,属非付现成本。这部分费用计提进入产品生产成本、期间费用等,在企业的生产经营过程中逐渐得到补偿,为企业的固定资产更新,维持和扩大生产经营规模做好资金积累。企业的固定资产一般均应计提折旧。

资产负债表中的固定资产金额是固定资产原值减去累计折旧后的净值。

企业应当根据与固定资产有关的经济利益的预期实现方式,合理选择固定资产折旧方法。固定资产预计使用年限和预计净残值、折旧方法等,一经确定不得随意变更,如需变更,仍然应当按照有关程序,经批准后报送有关各方备案,并在会计报表附注中予以说明。

可选用的折旧方法包括年限平均法、工作量法、双倍余额递减法和年数总和法等。固定资产应当按月计提折旧,并根据其用途计入相关资产的成本或者当期损益。

（一）固定资产折旧的空间范围

企业在用的固定资产,包括生产经营用固定资产、非生产经营用固定资产、租出的固定资产等,一般均应计提折旧。但是,房屋和建筑物,不管是否使用,都要计提。因此,固定资产计提折旧的具体范围包括:房屋和建筑物,在用的机器设备、仪器仪表、运输工具、工具器具,季节性停用、大修理停用的固定资产,融资租入和以经营租借方式租出的固定资产。已达到预定可使用状态的固定资产,如果尚未办理竣工决算,应当按照估计价值暂估入账,并计提折旧;待办理了竣工决算手续后,再按照实际成本调整原来的暂估价值,同时调整原已计提的折旧额。当期计提的折旧和对原折旧额的调整,均作为当期的成本、费用处理。

以工业企业为例,计提折旧的固定资产包括房屋,建筑物,在用的机器设备、仪器仪表、运输车辆、工具、器具,季节性停用及修理停用的设备,以经营租赁方式租出的固定资产及以融资租赁式租入的固定资产等;不计提折旧的固定资产包括已提足折旧仍继续适用的固定资产,以前年度已经估价单独入账的土地等。

(二)固定资产折旧的时间范围

当月增加的固定资产,当月不计提折旧,从下月起计提折旧;当月减少的固定资产,当月仍计提折旧,从下月起停止计提折旧。固定资产提足折旧后,不管能否继续使用,均不再提取折旧;提前报废的固定资产,也不再补提折旧。

(三)固定资产折旧要考虑的因素

计算每期折旧费用,主要应该考虑以下四个要素。

1. 计提折旧基数

计提固定资产折旧的基数是固定资产的原始价值或固定资产的账面净值。企业会计制度规定,一般以固定资产的原值作为计提折旧的依据;选用双倍余额递减法的企业,以固定资产的账面净值作为计提折旧的依据。

2. 固定资产折旧的年限

企业在预计固定资产的使用寿命时,应考虑以下因素。

① 该固定资产的预计生产能力或实物产量。

② 该固定资产的有形损耗,如因设备使用中发生磨损,房屋建筑物受到自然侵蚀等。

③ 该固定资产的无形损耗,如因新技术的进步而使现有的资产技术水平相对陈旧,市场需求变化使产品过时等。

④ 有关固定资产使用的法律或者类似的限制。

3. 折旧方法

企业计提固定资产折旧的方法有多种,基本上可以分为年限平均法、工作量法和加速折旧法(包括双倍余额递减法和年数总和法),企业应当根据固定资产所含经济利益预期实现方式选择不同的方法。企业的折旧方法不同,计提折旧额相差很大。

4. 固定资产净残值

固定资产净残值由预计固定资产清理报废时可以收回的净残值扣除预计清理费用得出。

（四）固定资产折旧的方法

1. 年限平均法

年限平均法又称直线法,是指将固定资产的应计折旧额均衡地分摊到固定资产预计使用寿命中的一种方法。采用这种方法计算的每期折旧额均相等。其计算公式如下:

$$年折旧率 = \frac{1 - 预计净残值率}{预计使用寿命（年）} \times 100\%$$

$$月折旧率 = \frac{年折旧率}{12}$$

$$月折旧额 = 固定资产原价 \times 月折旧率$$

例 4-15

某企业有设备一台,原值 19 000 元,预计净残值率为 4%,预计使用 10 年,计算该项固定资产的年折旧率、年折旧额、月折旧率、月折旧额。

$$该项固定资产的年折旧率 = \frac{1 - 4\%}{10} \times 100\% = 9.6\%$$

$$该项固定资产的年折旧额 = 19\ 000 \times 9.6\% = 1\ 824（元）$$

$$该项固定资产的月折旧率 = \frac{9.6\%}{12} = 0.8\%$$

$$该项固定资产的月折旧额 = 19\ 000 \times 0.8\% = 152（元）$$

年限平均法易于理解和简便易行,得到了广泛的应用。但它也有不足,因为它主要考虑固定资产的寿命周期,而不重视使用情况。一台机器,若每天使用 1 小时与每天使用 8 小时,均按同样的标准计提折旧,显然不太合理。

2. 工作量法

工作量法是根据实际工作量计算每期应提折旧额的一种方法。其计算公式如下:

$$单位工作量折旧额 = \frac{固定资产原价 \times （1 - 预计净残值率）}{预计总工作量}$$

$$某项固定资产月折旧额 = 该项固定资产当月工作量 \times 单位工作量折旧额$$

例 4-16

某企业的一辆运货卡车的原价为 60 000 元,预计总行驶里程为 50 万千米,预计净残值率为 5%,本月行使 4 000 千米。该辆汽车的月折旧额计算如下:

$$单位里程折旧额 = \frac{60\ 000 \times （1 - 5\%）}{500\ 000} = 0.114（元/千米）$$

$$本月折旧额 = 4\ 000 \times 0.114 = 456（元）$$

在工作量法下,固定资产单位工作量计提的折旧额是相等的,但在各个使用期限内计提的折旧额会因固定资产实际工作量不同而有所差异。该法主要适用于各个会计期间使用程度不均衡的固定资产。

3. 双倍余额递减法

双倍余额递减法是加速折旧法的一种,在不考虑固定资产残值的情况下,根据每期期初固定资产账面余额和双倍的直线法折旧率计算固定资产折旧的一种方法。其计算公式为:

$$双倍直线年折旧率 = \frac{2}{预计的折旧年限} \times 100\%$$

$$年折旧额 = 年初固定资产账面净值 \times 双倍直线年折旧率$$

由于双倍余额递减法不考虑固定资产的净残值因素,因此,在应用这种方法时必须注意不能使固定资产的账面折余价值降低到它的预计净残值以下。在固定资产的使用后期,如果发现使用双倍余额递减法计算的折旧额小于采用直线法计算的折旧额时,就应该改用直线法计提折旧。为了操作方便,实行双倍余额递减法计提折旧的固定资产,应当在其固定资产折旧年限到期前两年内,将固定资产净值扣除预计净残值后的余额平均摊销。

例 4-17

某企业一项设备的原价为 10 000 元,预计使用年限为 5 年,预计净残值为 200 元。按双倍余额递减法计算折旧,每年的折旧额计算如表 4-4 所示。

表 4-4　折旧计算表(双倍余额递减法)

年次	年初账面净值/元	折旧率/%	折旧额/元	累计折旧额/元	期末账面净值/元
1	10 000	40	4 000	4 000	6 000
2	6 000	40	2 400	6 400	3 600
3	3 600	40	1 440	7 840	2 160
4	2 160	—	980	8 820	1 180
5	1 180	—	980	9 800	200

其中,双倍直线年折旧率 = 2/5 × 100% = 40%;到第四年、第五年改用直线法,折旧额为 (2160 - 200)/2 = 980(元)。

4. 年数总和法

年数总和法也属于加速折旧法的一种,是以固定资产的原值减去净残值后的净额为基数,以一个逐年递减的分数为折旧率,计算各年固定资产折旧额的一种方法。这种方法的特点是,计提折旧的基数是固定不变的,折旧率依据固定资产的使用年限来确定,且各年折旧率呈递减趋势,所以计算出的年折旧额也呈递减趋势。

计算时,折旧率的分子代表固定资产尚可使用的年数,分母代表使用年数的逐年数字总和。其计算公式为:

$$年折旧率 = \frac{预计的使用年限 - 已使用年限}{年数总和} \times 100\%$$

$$年数总和 = \frac{预计的折旧年限 \times (预计的折旧年限 + 1)}{2}$$

$$月折旧率 = \frac{年折旧率}{12}$$

年折旧额 = (固定资产原值 - 预计净残值) × 年折旧率

月折旧额 = (固定资产原值 - 预计净残值) × 月折旧率

例 4-18

某公司购入设备一台,原值 60 000 元,预计净残值率为 5%,预计使用 5 年,采用年数总和法计算固定资产折旧。

该项资产各年计提折旧的基数为 60 000 × (1 - 5%) = 57 000(元),年折旧率的分母计算为 1 + 2 + 3 + 4 + 5 = 15 或根据公式得 5 × (5 + 1)/2 = 15。每年的折旧额计算如表 4-5 所示。

表 4-5 折旧计算表(年数总和法)

年次	原值——净残值/元	折旧率	折旧额/元	累计折旧额/元	期末账面净值/元
1	57 000	5/15	19 000	19 000	41 000
2	57 000	4/15	15 200	34 200	25 800
3	57 000	3/15	11 400	45 600	14 400
4	57 000	2/15	7 600	53 200	6 800
5	57 000	1/15	3 800	57 000	3 000

企业至少应当于每年年度终了,对固定资产的使用寿命、预计净残值和折旧方法进行复核。使用寿命预计数与原先估计数有差异的,应当调整固定资产使用寿命;预计净残值预计数与原先估计数有差异的,应当调整预计净残值;与固定资产有关的经济利益预期实现方式有重大改变的,应当按相关程序改变固定资产折旧方法。

六、固定资产的后续支出

固定资产的后续支出是指固定资产使用过程中发生的更新改造支出、修理费用等。后续支出的处理原则为与固定资产有关的更新改造等后续支出,符合固定资产确认条件的,应当计入固定资产成本,同时将被替换部分的账面价值扣除;与固定资产有关的修理费用等后续支出,不符合固定资产确认条件的,应当计入当期损益。

1. 资本化的后续支出

固定资产发生可资本化的后续支出时,企业一般应将该固定资产的原价、已计提的累计折旧和减值准备转销,将固定资产的账面价值转入在建工程,并停止计提折旧。发生的后续支出,通过"在建工程"科目核算。在固定资产发生的后续支出完工并达到预定可使用状态时,再从在建工程转为固定资产,并按重新确定的使用寿命、预计净残值和折旧方法计提折旧。

2. 费用化的后续支出

与固定资产有关的修理费用等后续支出,不符合固定资产确认条件的,应当根据不同情况分别在发生时计入当期管理费用或销售费用。

一般情况下,固定资产投入使用之后,由于固定资产磨损、各组成部分耐用程度不同,可能导致固定资产的局部损坏,为了维护固定资产的正常运转和使用,充分发挥其使用效能,企业应对固定资产进行必要的维护。固定资产的日常修理费用、大修理费用等支出只是确保固定资产的正常工作状况,一般不产生未来的经济利益。此类费用的支出不符合固定资产的确认条件,在发生时应直接计入当期损益。企业生产车间(部门)和行政管理部门等发生的固定资产修理费用等后续支出记入"管理费用"科目;企业专设销售机构的,其发生的与专设销售机构相关的固定资产修理费用等后续支出,记入"销售费用"科目。对于处于修理、更新改造过程而停止使用的固定资产,如果其修理、更新改造支出不满足固定资产的确认条件,在发生时也应直接计入当期损益。

七、固定资产的账务处理

(一)固定资产增加的账务处理

① 购入不需要安装的固定资产,借记"固定资产",贷记"银行存款"等科目;购入需要安装的固定资产,先记入"在建工程"科目,安装完毕交付使用时再转入"固定资产"。

例 4-19

某企业购入不需用安装的设备一台,价款 35 000 元,支付的增值税 5950 元,支付的运杂费 1 820 元,支付的包装费 680 元。款项以银行存款支付。编制会计分录如下。

借:固定资产　　　　　　　　　　　　　　　　　　　　　　　37 500

　　应交税费——应交增值税(进项税额)　　　　　　　　　　　　5 950

　　贷:银行存款　　　　　　　　　　　　　　　　　　　　　　　　43 450

例 4-20

某企业购入需要安装的设备一台,设备买价为 80 000 元,增值税为 13 600 元,支付运杂费 2 000 元、包装费 400 元、安装费 1 150 元。款项均已银行存款支付,设备安装完毕交付使用。编制会计分录如下。

借:在建工程　　　　　　　　　　　　　　　　　　　　　　　82 400

　　应交税费——应交增值税(进项税额)　　　　　　　　　　　13 600

　　贷:银行存款　　　　　　　　　　　　　　　　　　　　　　　96 000

借：在建工程	1 150	
贷：银行存款		1 150
借：固定资产	83 550	
贷：在建工程		83 550

② 自行建造完成的固定资产，借记"固定资产"，贷记"在建工程"科目。

例 4-21

某企业建造厂房投入工程物资 18 000 元，完工后投入使用。编制会计分录如下。

借：在建工程	18 000	
贷：工程物资		18 000
借：固定资产	18 000	
贷：在建工程		18 000

③ 投资者投入的固定资产，按投资各方确认的价值，借记"固定资产"，贷记"实收资本（或'股本'）"等科目。

例 4-22

某公司接受甲投入的一套机器设备，双方确认的价值是 35 000 元。编制会计分录如下。

借：固定资产——机器设备	35 000	
贷：实收资本——甲		35 000

（二）固定资产折旧的核算

固定资产计提折旧时记入"累计折旧"账户，"累计折旧"账户贷记增加，借记减少，期末余额在贷方。企业按月计提的固定资产折旧，借记"制造费用"、"销售费用"、"管理费用"、"其他业务支出"等科目，贷记"累计折旧"科目。

"累计折旧"科目只进行总分类核算，不进行明细分类核算。需要查明某项固定资产的已提折旧，可以根据固定资产卡片账所记载的该项固定资产原价、折旧率和实际使用年数等资料进行计算。

"累计折旧"科目期末贷方余额，反映企业提取的固定资产折旧累计数。

例 4-23

某公司财务部门根据各使用部门编报的 2011 年 5 月份固定资产折旧计算表汇总编制的本公司折旧计算汇总表如表 4-6 所示。

表 4-6　固定资产折旧计算汇总表

2011 年 5 月　　　　　　　　　　　　　　　　　　单位:元

使用部门		上月计提折旧额	上月增加固定资产应计折旧额	上月减少固定资产应计折旧额	本月应计提折旧额
生产车间	生产用	207 000	5 000	2 000	210 000
	管理用	23 000	4 000		27 000
	合计	230 000	9 000	2 000	237 000
行政管理部门		45 000		3 000	42 000
出租		5 000			5 000
总　计		280 000	9 000	5 000	284 000

根据表 4-6,编制会计分录如下。

借:制造费用　　　　　　　　　　　　　　　　237 000

　　管理费用　　　　　　　　　　　　　　　　　42 000

　　其他业务支出　　　　　　　　　　　　　　　 5 000

贷:累计折旧　　　　　　　　　　　　　　　　　　284 000

(三) 固定资产处置的账务处理

企业出售、转让、报废固定资产或发生固定资产毁损,应当将处置收入扣除账面价值和相关税费后的金额计入当期损益。固定资产处置一般通过"固定资产清理"科目进行核算。

企业因出售、报废或毁损、对外投资、非货币性资产交换、债务重组等处置固定资产,其会计处理一般经过以下几个步骤。

第一,固定资产转入清理。固定资产转入清理时,按固定资产账面价值,借记"固定资产清理"科目;按已计提的累计折旧,借记"累计折旧"科目;按已计提的减值准备,借记"固定资产减值准备"科目;按固定资产账面余额,贷记"固定资产"科目。

第二,清理过程发生的清理费用。固定资产清理过程中发生的有关费用以及应支付的相关税费,借记"固定资产清理"科目,贷记"银行存款"、"应交税费"等科目。

第三,出售收入和残料等的处理。企业收回出售固定资产的价款、残料价值和变价收入等,应冲减清理支出。按实际收到的出售价款以及残料变价收入等,借记"银行存款"、"原材料"等科目,贷记"固定资产清理"科目。

第四,保险赔偿的处理。企业计算或收到的应由保险公司或过失人赔偿的损失,应冲减清理支出,借记"其他应收款"、"银行存款"等科目,贷记"固定资产清理"科目。

第五,清理净损益的处理。固定资产清理完成后的净损益,对于属于生产经营期间正常的损失,借记"营业外支出——处置非流动资产损失"科目,贷记"固定资产清理"科目;对于属于生产经营期间由于自然灾害等非正常原因造成的,借记"营业外支出——非常损失"科目,贷记"固定资产清理"科目。固定资产清理完成后的净收益,借记"固定资产清理"科目,贷记"营业外收入"科目。

例 4-24

某企业将不用的一台设备出售,账面原值 140 000 元,已提折旧 105 000 元,协议售价 30 000 元,已存入银行。

固定资产转入清理时,编制会计分录如下。

借:固定资产清理	35 000	
累计折旧	105 000	
贷:固定资产		140 000

收到出售款项时,编制会计分录如下。

借:银行存款	30 000	
贷:固定资产清理		30 000

清理净损益的处理时,编制会计分录如下。

借:营业外支出	5 000	
贷:固定资产清理		5 000

企业应当设置"固定资产登记簿"和"固定资产卡片",按固定资产类别、使用部门和每项固定资产进行明细核算。对于临时租入的固定资产,应当另设备查簿进行登记,不在"固定资产"账户核算。

知识三　应付账款

定义

应付账款是资产负债表中的负债项目,属于企业采购循环的一个环节,主要是指因购买材料、商品或接受劳务供应等而发生的债务。

一、应付账款的含义

应付账款是指企业因购买材料、商品或接受劳务供应等业务应支付给供应者的账款。应付账款是由于在购销活动中买卖双方取得物资与支付货款在时间上的不一致而产生的负债。企业的其他应付账款,如应付赔偿款、应付租金、存入保证金等则不属于应付账款的核算内容。

二、应付账款的确认与计算

应付账款入账时间的确定,应以所购买物资的所有权转移或接受劳务已发生为标志。但在实际商品购销活动中,可以对以下两种情况分别进行处理。

1. 物资和发票账单同时到达

在物资和发票账单同时到达的情况下,也要分两种情况处理:如果物资验收入库的同时支付货款,则不通过"应付账款"账户核算;如果物资验收入库后仍未付款,则按发票账单登记入账。按发票账单登记入账主要是为了确认所购入的物资是否在质量、数量和品种上都与合同上签订的条件相符。

2. 物资和发票账单不同时到达

在物资和发票账单不是同时到达的情况下,也要分两种情况处理:在发票账单已到而物资未到的情况下,应当直接根据发票账单支付物资价款和运杂费,计入有关物资的成本,由于未能及时支付货款,记入"应付账款"账户;在物资已到而发票账单未到,且无法确定实际成本的情况下,在月度终了,需要按照所购物资和应付债务估计入账,待下月初再做相反的会计分录予以冲回。

三、应付账款的核算

为了总括反映和监督企业因购买材料、商品和接受劳务供应等产生的债务及其偿还情况,企业应设置"应付账款"账户。该账户贷方登记企业购买材料、商品、接受劳务供应的应付而未付的款项;借方登记偿还的应付账款,或开出商业汇票抵付的应付账款,或已冲销的无法支付的应付账款;期末贷方余额反映尚未偿还或抵付的应付账款。该账户应按债权人设置明细账进行明细核算。

1. 发生应付账款和偿还应付账款

企业购入材料、商品等时,若货款尚未支付,根据有关凭证(发票账单、随货同行发票上记载的实际价款或暂估价值),借记"在途物资"等账户;按可抵扣的增值税额,借记"应交税费——应交增值税(进项税额)"等账户;按应付的价款,贷记"应付账款"账户。企业接受供应单位提供劳务而发生的应付而未付的款项,根据供应单位的发票账单,借记"生产成本"、"管理费用"等账户,贷记"应付账款"账户。

例 4-25

某公司向 A 公司购入材料一批,价款 50 000 元,增值税税率为 17%,材料已验收入库,货款暂欠。该公司应做如下会计处理。

借:原材料　　　　　　　　　　　　　　　　　　　　　　 50 000

　　应交税费——应交增值税(进项税额)　　　　　　　　　 8 500

　　贷:应付账款——A 公司　　　　　　　　　　　　　　　　　 58 500

例 4-26

根据供电部门通知,甲企业本月应支付电费 68 000 元。其中,生产车间电费 36 000 元,企业行政管理部门电费 32 000 元,款项尚未支付。甲企业的有关会计分录如下。

借：制造费用   36 000

  管理费用   32 000

 贷：应付账款——电力公司   68 000

2. 转销应付账款

企业转销确实无法支付的应付账款（如因债权人撤销等原因而产生无法支付的应付账款），应按其账面余额计入营业外收入，借记"应付账款"账户，贷记"营业外收入"账户。

例 4-27

9 月份某企业确定一笔应付账款 6 000 元为无法支付的款项，应予以转销。该企业的有关会计分录如下。

借：应付账款   6 000

 贷：营业外收入   6 000

四、应付票据的含义和核算

应付票据是由出票人出票，委托付款人在指定日期无条件支付确定的金额给收款人或持票人的票据。应付票据也是委托付款人允诺在一定时期内支付一定款额的书面证明。在我国应付票据是在采用商业汇票结算方式下发生的。

商业汇票经过承兑以后，应借记"库存商品"等账户，贷记"应付票据"账户。

例 4-28

某企业购入防盗门 20 扇，每扇 600 元，按合同开出 4 个月无息商业承兑汇票，支付购货款。根据开出的商业承兑汇票做会计分录如下。

借：库存商品——防盗门   12 000

 贷：应付票据   12 000

企业开出、承兑商业汇票抵付应付账款，借记"应付账款"账户，贷记"应付票据"账户。票据到期企业偿付时，借记"应付票据"账户，贷记"银行存款"账户。

例 4-29

某企业欠 A 厂应付款 4 600 元，现以一张为期 2 个月的无息商业承兑汇票付款。根据开出的商业承兑汇票编制会计分录如下。

借：应付账款   4 600

 贷：应付票据   4 600

2 个月到期归还 A 厂货款，根据付款凭证，做会计分录如下。

借：应付票据　　　　　　　　　　　　　　　4 600
　　贷：银行存款　　　　　　　　　　　　　　　4 600

同步训练

训练一　熟悉存货的相关内容

【训练要求】选出以下各题中一人或多个正确选项，并将正确选项的序号填在括号内。

1. 下列各项中，不属于外购存货成本的是（　　）。
   A. 运杂费　　　　　　　　　　　　　B. 入库前的挑选整理费
   C. 运输途中的合理损耗　　　　　　　D. 入库后的保管费用

2. 下列各项中，不属于存货的是（　　）。
   A. 低值易耗品　　　B. 包装物　　　　C. 原材料　　　　　D. 工程物资

3. 下列属于存货发出计价方法的有（　　）。
   A. 实际成本法　　　　　　　　　　　B. 先进先出法
   C. 加权平均法　　　　　　　　　　　D. 个别计价法

4. 下列各项中，不计入商品流通企业（一般纳税人）购入商品成本的是（　　）。
   A. 买价　　　　　　　　　　　　　　B. 增值税
   C. 进口关税　　　　　　　　　　　　D. 入库后的挑选整理费

5. 下例各项中，属于企业存货的有（　　）。
   A. 生产用原材料　　　　　　　　　　B. 包装材料
   C. 自制半成品　　　　　　　　　　　D. 国外进口的商品

训练二　熟悉固定资产的相关内容

【训练要求】选出以下各题中一个或多个正确选项，并将正确选项的序号填在括号内。

1. 下列固定资产中，本月应计提折旧的是（　　）。
   A. 本月季节性停用的设备　　　　　　B. 当月购入的设备
   C. 未提足折旧上月提前报废的设备　　D. 已提足折旧继续使用的设备

2. 下列固定资产的折旧方法中，期初不需要考虑固定资产净残值的方法是（　　）。
   A. 工作量法　　　　　　　　　　　　B. 年限平均法
   C. 双倍余额递减法　　　　　　　　　D. 年数总和法

3. 关于双倍余额递减法和年数总和法，下列说法正确的是（　　）。
   A. 两者都属于加速折旧法
   B. 双倍余额递减法中各年的折旧率相同，年数总和法中各年的折旧率不相同
   C. 双倍余额递减法中各年计提基数不同，年数总和法中各年计提基数相同
   D. 双倍余额递减法和年数总和法的计提基数都已经扣除了预计净残值

4. 按照现行会计制度的规定,企业可以采用的固定资产折旧方法有(　　　)。

　　A. 工作量法　　　　　　　　　　　　B. 年限平均法

　　C. 年数总和法　　　　　　　　　　　D. 双倍余额递减法

5. 影响固定资产折旧额的因素有(　　　)。

　　A. 固定资产的使用寿命　　　　　　　B. 固定资产的原值

　　C. 固定资产的净残值　　　　　　　　D. 固定资产的使用部门

6. 企业计提固定资产折旧时,与"累计折旧"账户相对应的账户可能是(　　　)。

　　A. 制造费用　　　　　B. 管理费用　　　　　C. 投资收益　　　　　D. 银行存款

7. 某企业出售闲置的设备,账面原价 21 000 元,已经使用两年,已经计提折旧 2 100 元,出售的时候发生清理费用 400 元,出售价格 18 000 元,该企业出售此设备发生的净损益为(　　　)元。

　　A. -500　　　　　　B. -1 300　　　　　　C. -900　　　　　　D. 1 300

8. 某固定资产使用年限为 5 年,在采用年数总和法计提折旧的情况下,第一年的年折旧率为(　　　)。

　　A. 20%　　　　　　B. 33%　　　　　　　C. 40%　　　　　　D. 50%

9. 某项固定资产原值为 40 000 元,预计净残值 2000 元,折旧年限为 4 年,采用年数总和法计提折旧,则第三年折旧额为(　　　)元。

　　A. 7 600　　　　　　B. 8 000　　　　　　C. 3 800　　　　　　D. 12 000

10. 一台机器的原值 80 000 元,估计净残值 8 000 元,预计可使用 12 年,按直线法计提折旧,则第二年应计提折旧为(　　　)元。

　　A. 6 600　　　　　　B. 6 000　　　　　　C. 7 000　　　　　　D. 8 000

11. 某固定资产原值为 250 000 元,预计净残值 6 000 元,预计可以使用 8 年,按照双倍余额递减法计算,第二年应提取的折旧为(　　　)元。

　　A. 46 875　　　　　　B. 45 750　　　　　　C. 61 000　　　　　　D. 30 500

训练三　练习固定资产折旧的计算

【训练要求】根据下面给定的资料,计算固定资产的折旧额。

甲公司购进一台不需安装的设备,原值 300 000 元,预计可使用 5 年,预计净残值为 10%,预计该设备每年工作 2 000 小时,投入使用的第二年实际工作了 2 500 小时。

要求:分别采用工作量法、年限平均法、年数总和法和双倍余额递减法计算该设备第 2 年的折旧额。

训练四　练习存货实际成本计价法

【训练要求】根据下面给定的资料,计算发出存货的实际成本。

华中公司 2011 年 9 月的期初存货和进货情况如表 4-7 所示。

表 4-7   华中公司 2011 年 9 月的期初存货和进货情况

日 期	摘 要	数量/件	单价/元	金额/元
9 月 1 日	期初结存	1 000	40	40 000
9 月 15 日	购进	1 000	42	42 000
9 月 18 日	购进	2 000	41	82 000
9 月 20 日	发出	1 800		
9 月 28 日	购进	1 000	40	40 000
9 月 30 日	发出	1 500		

要求:采用先进先出法、加权平均法和移动加权平均法,计算 2011 年 9 月华中公司发出存货的成本,并列出算式。

训练五   练习采购中经济活动的核算

【训练要求】根据下面给定的资料做出相关的会计核算。

① 5 月初企业购进 A 材料 20 万元,增值税 3.4 万元,材料验收入库,企业开出一张 2 个月商业承兑汇票,汇票已交付对方,另用银行存款支付采购 A 材料的运费 0.5 万元,包装费 1 万元。

② 7 月初商业承兑汇票到期,企业予以兑付。

③ 8 月企业购买甲企业一台不需安装的机器用于生产,价款 10 万元,增值税 1.7 万元,另对方垫付运费 0.4 万元,款项尚未支付。

任务三

核算销售业务

销售同采购一样是企业的主要经营活动。采购活动会导致存货和固定资产的增加,而企业的销售活动则会导致存货的减少和营业成本的增加,实现实物资产向货币资金的转化。

　　销售是创造、沟通与传送价值给顾客以便让企业受益的一种组织功能与程序。通过销售企业将产品售出，取得销售收入，交纳税款，资金从实物资产转化为货币资金形态。

　　企业的销售活动常会涉及收入的确定、成本的核算、款项的收取、税费的交纳等活动。例如，企业销售一批商品，确认收入时要借记"银行存款"或"应收账款"，贷记"主营业务收入"和"应交税费——应交增值税（销项税额）"；结转成本时要借记"主营业务成本"，贷记"库存商品"。其中，"应收账款"、"应交税费"、"库存商品"属于资产负债表的项目，"主营业务收入"和"主营业务成本"属于利润表的项目。

学习引导

知识一　应收账款

> **定义**
>
> 　　应收账款是伴随企业的销售行为发生而形成的一项债权。应收账款的确认与收入的确认密切相关，通常在确认收入的同时，确认应收账款。

　　企业销售产品、材料或提供劳务没有及时收到货款时，会形成一项债权，通过"应收账款"来核算。财务报表中列示的应收账款金额是应收账款净额，即应收账款减去坏账准备后的净额。坏账准备是企业出于稳健和谨慎性考虑，对于应收账款计提的减值准备。在企业的会计报表附注中一般应说明坏账准备的确认标准以及坏账准备的计提方法、计提比例等事项。

　　坏账准备是根据企业应收账款计提的，属于备抵账户，是采用一定的方法按期（至少每年年末）估计坏账损失，提取坏账准备并转作当期费用的一种处理方法。当应收账款实际发生坏账时，直接冲减已计提坏账准备，同时转销相应的应收账款余额。

　　企业一般对于应收账款的管理都很重视，因为应收账款管理的好坏会直接影响企业营运资金的周转和经济效益。

一、应收账款的含义

　　应收账款是企业因销售商品、材料或提供劳务等经营活动，应向购货单位或接受劳务单位收取的款项。

　　应收账款是有特定范围的。首先，应收账款是指因销售活动或提供劳务而形成的债权，不包括应收职工欠款、应收债务人的利息等其他应收款；其次，应收账款是指流动资产性质债权，不包括长期的债权，如购买长期债券等；最后，应收账款是指本公司应收客户的款项，不包括本公司付出的各类存出保证金，如投标保证金和租入包装物等保证金等。

二、应收账款形成的原因

1. 商业竞争

商业竞争是发生应收账款的主要原因。竞争迫使企业以各种手段扩大销售。除了依靠产品质量、价格、售后服务、广告等外,赊销也是扩大销售的手段之一。对于同等的产品价格、类似的质量水平、一样的售后服务,实行赊销的产品或商品的销售额将大于现金销售的产品或商品的销售额。这是因为顾客将从赊销中得到好处。出于扩大销售的竞争需要,企业不得不以赊销或其他优惠方式招徕顾客,于是就产生了应收账款。由竞争引起的应收账款是一种商业信用。

2. 销售和收款的时间差

商品成交的时间和收到货款的时间经常不一致,这也导致了应收账款。当然,现实生活中现金销售是很普遍的,特别是在零售企业中更常见。不过就一般的批发和大量的生产企业来说,发货的时间和收到货款的时间往往不同,这是因为货款结算需要时间的缘故。结算手段越是落后,结算时间就越长,销售企业只能承认这种现实,并承担由此引起的资金垫支。由于销售和收款的时间差而造成的应收账款不属于商业信用,也不是应收账款的主要内容。

三、应收账款对企业管理的影响

很多企业在应收账款管理上都有或大或小的经验与教训。赊销而产生的应收账款实际上就是将企业产品转化为现金的时间跨度拉长,企业资金周转放慢,经营成本加大;由于时间跨度拉长,发生坏账的几率增多,企业不能收回账款的风险也就越大。

企业管理者唯有事先制订有效的保护措施,方能确保把失误和风险降至最低,这就要求企业对客户的信用有一定的把握。当企业信用管理部门评价客户的信用为差时,为防止坏账的发生,企业不应向其赊销商品。

在解读财务报告的应收账款时,应结合报表附注,防止下述事件的发生:防止应收账款长期挂账;防止人为调整应收账款,控制企业利润;防止利用应收账款,私设小金库;防止虚列应收账款,虚增销售收入;防止应收账款入账金额不实等。

四、应收账款的核算

应收账款属于资产类会计科目,其账户结构如图 4-4 所示,借记增加,贷记减少,期末余额在借方。

(一)应收账款入账价值的确定

应收账款核算的关键在于确定应收账款的入账价值。通常情况下,应收账款按实际发生额计价入账,即按买卖双方成交时的实际金额(包括发票金额和代购货单位垫付的运杂费)

借方	应收账款	贷方
应收账款增加		应收账款减少
期末余额		

图 4-4　应收账款的账户结构

确定。由于实际商业活动中的销售存在商业折扣、现金折扣,所以应收账款的入账价值还需要考虑商业折扣和现金折扣等因素。

1. 商业折扣

商业折扣是指企业根据市场供需情况,或针对顾客购买商品数量多少给予的价格上的优惠,通常以百分比来表示,如 5%、10% 等。企业在销售商品时,价目单上往往标明各种商品的价格,买方一般按价目单上的价格扣除卖方给予的折扣后的净额付款,实际价格(发票价格)为折扣后的价格。

由于商业折扣在交易成立及实际付款之前予以扣除,因此,商业折扣对应收账款入账价值没有什么实质性的影响,买卖双方均无须在账上反映商业折扣,企业应收账款金额只需按扣除商业折扣后的实际售价确认。

2. 现金折扣

现金折扣是指企业为了鼓励客户在一定时期内早日偿还货款而给予的一种折扣优惠,通常用符号"折扣/付款期限"表示,如"2/10,1/20,n/30",即 10 天内付款折扣为 2%,11～20 天付款折扣为 1%,21～30 天付款不享受折扣。

由于现金折扣发生于交易成立后,且对于销售企业来说其实际能收到的款项视购买方付款的时间不同而不同。因此,存在现金折扣的情况下,应收账款金额的确认有以下两种方法。

(1) 总价法

总价法是将未扣减现金折扣前的金额(即总价)作为实际售价,据以确认应收账款的入账价值。现金折扣只有客户在折扣期内支付货款时,才予以确认。这一方法把现金折扣作为鼓励客户提早付款而给予的经济利益。销售方把给予客户的现金折扣视为融资的理财费用,会计上应作为"财务费用"处理。

(2) 净价法

净价法是将扣减现金折扣后的金额作为实际售价,据以确认应收账款的入账价值。这种方法是将客户取得折扣视为正常现象,认为客户一般都会提前付款,而将由于客户未享受折扣而多收入的金额,视为提供信贷获得的理财收入,冲减"财务费用"。

我国目前只允许采用总价法核算有现金折扣的应收账款。

(二) 应收账款的账务处理

为了总括反映和监督企业应收账款的发生和收回情况,企业应设置"应收账款"账户进行总分类核算。该账户属于资产类账户,借方登记赊销发生的应收账款金额,贷方登记客户归还,或已结转坏账损失,或转作商业汇票结算方式的应收账款金额。期末余额在借方,表示尚未收回的应收账款金额。该账户应按债务单位名称设置明细账户进行明细核算。

① 当企业销售商品、产品、提供劳务发生应收账款时,分别按应收金额和实现的营业收入以及增值税专用发票上注明的增值税额编制如下的会计分录。

借:应收账款
　贷:主营业务收入
　　　应交税金——应交增值税(销项税额)

② 收回应收账款时应编制如下的会计分录。

借：银行存款

 贷：应收账款

③ 如果应收账款改用商业汇票结算，在收到承兑的商业汇票时，按照票面金额编制如下的会计分录。

借：应收票据

 贷：应收账款

例 4-30

甲企业向乙单位赊销一批商品，按商品价目表标明价格计算的金额为 1 000 万元（不含增值税），增值税税率为 17%，由于是成批销售，甲企业给予乙企业 10% 的商业折扣。商业折扣后的销售收入是 900 元，故应收账款的入账价值是销售收入 900 元加增值税 153 元。会计核算如下。

借：应收账款   1 053

 贷：主营业务收入   900

  应交税费——应交增值税（销项税额）   153

例 4-31

甲企业向丙企业销售一批商品，增值税专用发票上注明的售价为 100 万元，增值税额为 17 万元。甲企业为了及早收回货款而在合同中规定的现金折扣条件为"2/10，1/20，n/30"。假定现金折扣不考虑增值税。

销售时的会计核算如下。

借：应收账款   1 170 000

 贷：主营业务收入   1 000 000

  应交税费——应交增值税（销项税额）   170 000

假如丙企业 10 天内付款，则会计核算如下。

借：银行存款   1 150 000

 财务费用   20 000

  贷：应收账款   1 170 000

假如丙企业 10～20 天付款，则会计核算如下。

借：银行存款   1 160 000

 财务费用   10 000

  贷：应收账款   1 170 000

假如丙企业 20～30 天才付款，则会计核算如下。

借：银行存款　　　　　　　　　　　　　　　　　　1 170 000
　　贷：应收账款　　　　　　　　　　　　　　　　　　1 170 000
假如到期收到丙企业开来的商业承兑汇票一张抵前欠货款，则会计核算如下。
借：应收票据　　　　　　　　　　　　　　　　　　　1 170 000
　　贷：应收账款　　　　　　　　　　　　　　　　　　1 170 000

五、坏账准备

只要存在着商业信用行为，不管企业采用怎样严格的信用政策，坏账损失的发生总是不可避免的。因此，企业要遵循稳健性原则，对坏账损失的可能性预先进行估计，建立弥补坏账损失的准备金制度，以促进企业健康发展。

（一）坏账准备的计提要求和范围

企业应设置"坏账准备"会计科目，用以核算企业提取的坏账准备。企业应当定期或者至少每年年度终了，对应收款项进行全面检查，预计各项应收款项可能发生的坏账，对于没有把握收回的应收款项，应当计提坏账准备，具体包括应收账款和其他应收款。

应收票据本身不得计提坏账准备，当应收票据的可收回性不确定时，应当转入应收账款后计提坏账准备。一般情况下，预付账款不应当计提坏账准备，如果有确凿证据表明预付账款已经不符合预付账款的性质，或者因供货单位破产、撤销等原因已无望再收到所购货物的，应将原计入预付账款的金额转入其他应收款，并计提坏账准备。

（二）坏账准备的计提方法和核算

计提坏账准备的方法由企业自行确定。企业应当列出目录，具体注明计提坏账准备的范围、提取方法、账龄划分和提取比例，按照管理权限，经股东大会或董事会，或经理（厂长）会议或类似机构批准，并且按照法律、行政法规的规定报有关各方备案，上市公司还要备置于公司所在地，以供投资者查阅。坏账准备提取方法一经确定，不得随意变更。如需变更，仍然应按上述程序，经批准后报送有关各方备案，并在会计报表附注中予以说明。

坏账准备账户属于备抵类账户，贷记增加，借记减少，期末余额在贷方。其账户结构如图 4-5 所示。

企业坏账损失的核算应采用备抵法；计提坏账准备的方法由企业自行确定，可以按余额百分比法、账龄分析法、赊销金额百分比法、个别认定法等计提坏账准备，也可以按客户分别确定应计提的坏账准备。

借方　　　　坏账准备　　　　贷方	
实际发生坏账损失金额或冲减的坏账准备	当期计提的坏账准备金额
	已计提尚未转销的坏账准备

图 4-5　坏账准备的账户结构

1. 余额百分比法

余额百分比法是按照期末应收账款余额的一定百分比估

计坏账损失的方法。坏账百分比由企业根据以往的资料或经验自行确定。在余额百分比法下,企业应在每个会计期末根据本期末应收账款的余额和相应的坏账率估计出期末坏账准备账户应有的余额,它与调整前坏账准备账户已有的余额的差额,就是当期应提的坏账准备金额。

采用余额百分比法首次计提坏账准备的计算公式如下:

当期应计提的坏账准备＝期末应收账款余额×坏账准备计提百分比

以后计提坏账准备的计算公式如下:

$$\begin{matrix}\text{当期应计提的} \\ \text{坏账准备}\end{matrix} = \begin{matrix}\text{当期按应收账款计算应} \\ \text{计提的坏账准备金额}\end{matrix} + (\text{或} -) \begin{matrix}\text{坏账准备账户借方余额} \\ \text{(或贷方余额)}\end{matrix}$$

例 4-32

某企业 2006 年年末应收账款余额为 800 000 元,根据风险特征估计坏账准备的提取比例为应收账款余额的 0.4%。2007 年发生坏账 4 000 元,该年年末应收账款余额为 980 000 元。要求:计算各年提取的坏账准备并编制会计分录。

① 2006 年应提坏账准备＝800 000×0.4%＝3 200(元)。

根据上述计算结果应编制如下会计分录。

借:资产减值损失　　　　　　　　　　　　　　　　　　　　3 200
　　贷:坏账准备　　　　　　　　　　　　　　　　　　　　　　3 200

2007 年发生坏账损失时,应编制如下会计分录。

借:坏账准备　　　　　　　　　　　　　　　　　　　　　　4 000
　　贷:应收账款　　　　　　　　　　　　　　　　　　　　　　4 000

② 2007 年年末计提坏账前坏账准备账户的余额为 4 000－3 200＝800(元)(借方),而要使坏账准备的余额为 980 000×0.4%＝3 920(元)(贷方),则 2007 年应提坏账准备＝3 920＋800＝4 720(元)(贷方)。

根据上述计算结果,应编制如下会计分录。

借:资产减值损失　　　　　　　　　　　　　　　　　　　　4 720
　　贷:坏账准备　　　　　　　　　　　　　　　　　　　　　　4 720

2. 账龄分析法

账龄分析法是根据应收账款账龄的长短来估计坏账损失的方法。通常而言,应收账款的账龄越长,发生坏账的可能性越大。因此,将企业的应收账款按账龄长短进行分组,分别确定不同的计提百分比估算坏账损失,可使坏账损失的计算结果更符合客观情况。

采用账龄分析法首次计提坏账准备的计算公式如下:

$$\begin{matrix}\text{当期应计提的} \\ \text{坏账准备}\end{matrix} = \sum \left(\begin{matrix}\text{期末各账龄组应} \\ \text{收账款余额}\end{matrix} \times \begin{matrix}\text{各账龄组坏账准备} \\ \text{计提百分比}\end{matrix} \right)$$

以后计提坏账准备的计算公式如下:

$$\begin{array}{c}\text{当期应计提的}\\\text{坏账准备}\end{array}=\begin{array}{c}\text{当期按应收账款计算应}\\\text{计提的坏账准备金额}\end{array}+(\text{或}-)\begin{array}{c}\text{坏账准备账户借方余额}\\(\text{或贷方余额})\end{array}$$

　　账龄分析法和余额百分比法一样,在计提坏账准备时考虑了该账户原有的余额后再做出调整。这两种方法都是从资产负债表的观点来估计坏账,注重的是期末坏账准备应有的余额,以使资产负债表中的应收账款能更合理地按变现价值评价。

例 4-33

　　公司 2010 年 12 月 31 日,某公司应收账款账龄及估计坏账损失如表 4-8 所示。

表 4-8　应收账款账龄及坏账损失估算

应收账款的账龄	应收账款的金额/元	估计损失/%	估计损失金额/元
1 年以内	100 000	5	5 000
1~2 年(含 1 年)	80 000	10	8 000
2~3 年(含 2 年)	30 000	20	6 000
3~4 年(含 3 年)	5 000	80	4 000
合　计	215 000	—	23 000

　　根据表 4-8,该公司 2010 年 12 月 31 日估计的坏账损失为 23 000 元,所以年末坏账准备余额应为 23 000 元。假设在计提坏账准备前"坏账准备"账户的贷方余额为 20 000 元,则该公司应计提坏账准备 3 000(23 000—20 000)元,据此做如下的账务处理。

　　　借:资产减值损失　　　　　　　　　　　　　　　　　　3 000
　　　　贷:坏账准备　　　　　　　　　　　　　　　　　　　　　　3 000

知识二　应交税费

　　　企业的销售行为大多是涉税行为,必须按照国家规定履行纳税义务,交纳各种税费。企业应交的税费主要有增值税、营业税等税种。

　　企业的应交税费应按照权责发生制原则进行确认、计提,在尚未交纳之前暂时留在企业,形成一项负债(应该上交国家暂未上交国家的税费)。企业应通过"应交税费"科目,总括反映各种税费的交纳情况,并按照应交税费项目进行明细核算。该科目的贷方登记应交纳的各种税费,借方登记已交纳的各种税费,期末贷方余额反映尚未交纳的税费。期末若为借方余额,则反映多交或尚未抵扣的税费。

一、增值税

增值税是对从事销售货物或者提供加工、修理修配劳务以及进口货物的单位和个人取得的增值额为课税对象征收的一种流转税。

增值额是这个单位的商品销售收入额或经营收入额,扣除法定非增值项目金额后的余额。就一件商品的生产经营全过程来说,不论其生产经营经过几个单位、几个环节,其最后的销售总额,等于该商品从生产到流通的各个环节的增值额之和。

增值税的纳税人可根据会计核算健全程度分为小规模纳税人和一般纳税人。小规模纳税人由于会计核算不健全,一般实行简单征收;一般纳税人由于会计核算健全,为了更好地核算企业应交增值税的发生、抵扣、交纳、退税以及转出等情况,应在"应交税费"科目下设置"应交增值税"明细科目,并在"应交增值税"明细账内设置"进项税额"、"销项税额"、"进项税额转出"和"已交税金"等专栏。一般纳税人的应纳税额为当期销项税额抵扣当期进项税额后的余额。

1. 进项税额

企业从国内采购商品或接受应税劳务等,根据增值税专用发票上记载的应计入采购成本或应计入加工、修理修配等物资成本的金额,借记"原材料"、"库存商品"等科目;根据增值税专用发票上注明的可抵扣的增值税额,借记"应交税费——应交增值税(进项税额)"科目;按照应付或实际支付的总额,贷记"应付账款"、"应付票据"、"银行存款"等科目。

对于刚成为一般纳税人的商贸企业(包括小规模纳税人转为一般纳税人),需要经过一个纳税辅导期才能成为正式的一般纳税人,辅导期一般不少于6个月。

例 4-34

某工业企业 2010 年 4 月购入一批原材料,增值税专用发票上注明的原材料价款 5 000元,增值税额为 850 元。货款用银行存款支付,材料已验收入库。编制会计分录如下。

借:原材料　　　　　　　　　　　　　　　　　　　　　　　5 000
　　应交税费——应交增值税(进项税额)　　　　　　　　　　850
　　贷:银行存款　　　　　　　　　　　　　　　　　　　　　　　5 850

需要注意的是,纳税人为了保证计算增值税应纳税额的正确性,必须正确把握进项税额可抵扣的时间限定；否则，纳税人虽取得了合法的票据，也可能会出现违犯《中华人民共和国税法》（以下简称《税法》）的少纳税或不纳税行为，造成日后受到税务机关的处罚。

根据《税法》的相关规定，可抵扣增值税进项税额的票据有下述五种：增值税专用发票、农产品收购发票或向小规模纳税人购买农产品取得的普通发票、海关进口增值税专用交款书、废旧物资发票、运费发票。

目前，只有增值税专用发票已纳入防伪税控系统管理，其余四种票据（俗称"四小票"）还未纳入防伪税控系统管理，因此，各种票据中的进项税额可抵扣的时间规定也各不相同。

增值税一般纳税人申请抵扣的防伪税控系统开具的增值税专用发票，必须自该专用发票开具之日起 90 日内到税务机关认证，否则不予抵扣进项税额。一般纳税人还应在认证通过的当月按照增值税有关规定核算当期进项税额并申报抵扣，否则不予抵扣进项税额。

2. 销项税额

企业销售货物或者提供应税劳务，按照营业收入和应收取的增值税额，借记"应收账款"、"应收票据"、"银行存款"等科目；按专用发票上注明的增值税额，贷记"应交税费——应交增值税（销项税额）"科目；按照实现的营业收入，贷记"主营业务收入"、"其他业务收入"等科目。

例 4-35

2010 年 5 月，甲公司向乙公司销售一批产品，开出的增值税专用发票上注明售价为 40 000 元，增值税额为 6 800 元；甲公司已收到乙公司支付的货款 46 800 元。甲公司应编制如下会计分录。

借：银行存款　　　　　　　　　　　　　　　　　46 800
　　贷：主营业务收入　　　　　　　　　　　　　　40 000
　　　　应交税费——应交增值税（销项税额）　　　 6 800

3. 交纳增值税

一般纳税人每月的应纳税额等于当期销项税额减去当期进项税额。企业按规定期限申报交纳的增值税，在收到银行退回的税收交款书后进行会计处理，借记"应交税费——应交增值税（已交税金）"科目，贷记"银行存款"科目。

例 4-36

某公司以银行存款交纳本月增值税 10 000 元。该公司应编制如下会计分录。

借：应交税费——应交增值税（已交税金）　　　　10 000
　　贷：银行存款　　　　　　　　　　　　　　　　10 000

4. 小规模纳税企业的账务处理

小规模纳税企业应当按照不含税销售额和规定的增值税征收率计算交纳增值税，销售货物或提供应税劳务时只能开具普通发票,不能开具增值税专用发票。小规模纳税企业不享有进项税额的抵扣权,其购进货物或接受应税劳务支付的增值税直接计入有关货物或劳务的成本。

因此,小规模纳税企业只需在"应交税费"科目下设置"应交增值税"明细科目,不需要在"应交增值税"明细科目中设置专栏;"应交税费——应交增值税"科目的贷方登记应交纳的增值税,借方登记已交纳的增值税,期末贷方余额为尚未交纳的增值税,借方余额为多交纳的增值税。

> 对小规模纳税人实行简易办法征收增值税,其进项税额不允许抵扣。

小规模纳税企业购进货物和接受应税劳务时支付的增值税,借记"在途物资"或"原材料"科目,贷记"应交税费——应交增值税"科目。

例 4-37

某小规模纳税企业,2010 年 2 月购入原材料一批,按照增值税专用发票上记载的原材料成本为 50 万元,支付的增值税额为 8.5 万元,该企业开出商业承兑汇票,材料尚未到达;该企业 2 月份销售产品收入 72.1 万元(含税),增值税税率为 3%,货款尚未收到。针对上述经济业务,该企业应编制如下会计分录。

(1) 购入材料时的会计分录

借:在途物资　　　　　　　　　　　　　　　　585 000
　贷:应付票据　　　　　　　　　　　　　　　　　　585 000

(2) 销售货物时的会计分录

$$不含税销售额 = \frac{72.1}{1+3\%} = 70(万元)$$

$$应交增值税额 = 70 \times 3\% = 2.1(万元)$$

借:应收账款　　　　　　　　　　　　　　　　721 000
　贷:主营业务收入　　　　　　　　　　　　　　　　700 000
　　　应交税费——应交增值税　　　　　　　　　　　21 000

(3) 上交本月应交增值税时的会计分录

借:应交税费——应交增值税　　　　　　　　　21 000
　贷:银行存款　　　　　　　　　　　　　　　　　　21 000

二、营业税

营业税是对销售不动产、转让无形资产及从事各种应税服务业的单位和个人,就其营业额计算征收的一种税。

企业应在"应交税费"科目下设置"应交营业税"明细科目,核算应交营业税的发生、交纳情况。该科目贷方登记应交纳的营业税,借方登记已交纳的营业税,期末贷方余额为尚未交纳的营业税。

1. 营业税的征税范围

① 交通运输业:包括陆路运输、水路运输、航空运输、管道运输和装卸搬运,以及与营运有关的各项劳务活动,如通用航空业务、航空地面服务、打捞、理货、引航、系解缆、停泊、移泊等。

② 建筑业:包括建筑、安装、修理、装饰和其他工程作业。

③ 金融业:包括贷款、融资租赁、金融商品转让、金融经纪业务。

④ 邮电通信业:包括邮政、电信。邮政包括传递函件或包件、邮汇、报刊发行、邮政物品销售、邮政储蓄及其他邮政业务;电信包括电报、电信、电话、电话机安装、电信物品销售及其他电信业务。

⑤ 文化体育业:包括文化业和体育业。

⑥ 娱乐业:包括经营歌厅、舞厅、卡拉 OK 歌舞厅、音乐茶座、台球、高尔夫球、保龄球、游艺、电子游戏厅等娱乐场所,以及娱乐场所为顾客进行娱乐活动提供服务的业务。

⑦ 服务业:包括代理业、旅店业、饮食业、旅游业、仓储业、租赁业、广告业。对于福利彩票机构以外的代销单位销售福利彩票取得的手续费收入,由社保基金托管人从事社保基金管理活动取得的手续费收入,按服务业征收营业税。

⑧ 转让无形资产:包括转让土地使用权、商标权、专利权、非专利技术、著作权和商誉。

⑨ 销售不动产:包括销售建筑物和其他土地附着物。

2. 营业税的核算

企业按照营业额及其适用的税率,计算应交的营业税,借记"营业税金及附加"等科目,贷记"应交税费——应交营业税"科目;企业出售不动产时,借记"固定资产清理"科目,贷记"应交税费——应交营业税"科目。实际交纳营业税时,借记"应交税费——应交营业税"科目,贷记"银行存款"科目。

例 4-38

某公司当月运营收入 20 000 元,适用的营业税税率为 3%。该公司应交纳营业税的有关会计分录如下。

(1) 计算应交营业税时的会计分录

借:营业税金及附加　　　　　　　　　　　　　　　600

　　贷:应交税费——应交营业税　　　　　　　　　　　　600

(2) 实际交纳税款时的会计分录

借:应交税费——应交营业税　　　　　　　　　　　600

　　贷:银行存款　　　　　　　　　　　　　　　　　　600

知识三　营业收入

> 营业收入是利润表中的主要项目之一,包括主营业务收入和其他业务收入。

收入是企业在日常经营活动中所形成的,会导致所有者权益增加的,与所有者投入资本无关的经济利益的总流入。其中,日常活动是指企业为完成其经营目标所从事的经常性活动以及与之相关的活动。例如,工业企业制造并销售产品,商品流通企业销售商品,保险公司签发保单,咨询公司提供咨询服务,软件企业为客户开发软件,安装公司提供安装服务,商业银行对外贷款,租赁公司出租资产等,均属于企业为完成其经营目标所从事的经常性活动,由此产生的经济利益的总流入构成收入。

收入按其性质不同,可以分为销售商品收入、提供劳务收入和让渡资产使用权收入;按企业经营业务的主次,收入可分为主营业务收入和其他业务收入。

企业处置固定资产、无形资产等活动,不是企业为完成其经营目标所从事的经常性活动,也不属于与经常性活动相关的活动,由此产生的经济利益的总流入不构成收入,应当确认为营业外收入。

利润表中的营业收入是企业在销售商品、提供劳务等主营业务活动时所产生的主营业务收入,以及企业确认的除主营业务活动以外的其他经营活动实现的其他业务收入,包括出租固定资产、出租无形资产、出租包装物和商品、销售材料等实现的收入。

一、主营业务收入

主营业务收入是指企业通过主要经营活动所获取的收入,包括销售商品、提供劳务等主营业务获得的收入等。

1. 主营业务收入的特点

① 主营业务收入是企业的日常活动中产生的,而不是从偶然的交易或事项中产生。

② 收入可能表现为企业资产的增加,如增加银行存款、应收账款等;也可能表现为企业负债的减少,如以商品或劳务为抵偿债务;或两者都有。

③ 收入能导致企业所有者权益的增加。因为收入能够增加企业的资产或减少负债或两者兼而有之。因此,根据"资产－负债＝所有者权益"的恒等式,企业取得收入一定能够增

加所有者权益,但是收入扣除相关的成本费用后的净额,可能增加所有者权益,也可能减少所有者权益。

企业确认的销售商品、提供劳务等主营业务的收入,通过"主营业务收入"科目核算,并可按主营业务的种类进行明细核算。期末,应将该科目的余额转入"本年利润"科目,结转后该科目应无余额,如图 4-6 所示。

借方	主营业务收入	贷方
主营业务收入减少或结转额		主营业务收入增加额

图 4-6　主营业务收入的账户结构

2. 销售商品收入的确认和计量

(1)销售商品收入的确认

销售商品收入同时满足下列条件的,才能加以确认。

① 企业已将商品所有权上的主要风险和报酬转移给购货方。如果与商品所有权有关的任何损失均不需要由销货方承担,与商品所有权有关的任何经济利益也不归销货方所有,就意味着商品所有权上的主要风险和报酬转移给了购货方。通常情况下,转移商品所有权凭证并交付实物后,商品所有权上的主要风险和报酬随之转移。特殊情况下,转移商品所有权凭证但未交付实物,商品所有权上的主要风险和报酬随之转移,企业只保留了次要风险和报酬。在这种特殊情况下,应当视同商品所有权上的所有风险和报酬已转移给购货方。

例如,甲公司销售一批商品给丙公司,丙公司已根据甲公司开出的发票账单支付了货款,取得了提货单,但甲公司尚未将商品移交给丙公司。在这种情况下,购买方支付货款并取得提货单,说明商品所有权上的主要风险和报酬已经转移给购买方,虽然商品未实际交付,甲公司仍可以认为商品所有权上的主要风险和报酬已经转移,在同时满足销售商品收入确认的其他条件时,甲公司应当确认收入。

② 企业既没有保留通常(与所有权相联系)的继续管理权,也没有对已售出的商品实施有效控制。

例如,甲公司为房地产开发商,将开发的住宅小区销售给业主后,与业主委员会签订协议,管理住宅小区物业,并按月收取物业管理费。本例中,甲公司将住宅小区销售给业主后,与住宅小区所有权有关的风险和报酬已经转移给业主,甲公司既没有保留通常与该住宅小区所有权相联系的继续管理权,也没有对已售出的住宅小区实施有效控制,在满足收入确认的其他条件时,应当确认销售住宅小区的收入。

随后,甲公司与该住宅小区业主委员会签订协议,管理住宅小区物业。由于该住宅小区的所有权属于业主,因此,甲公司提供的这种物业管理与住宅小区的所有权无关,是与销售住宅小区无关的另一项提供劳务的交易,甲公司应当在满足提供劳务收入的确认条件时确认提供劳务收入。

③ 收入的金额能够可靠地计量。

④ 相关的经济利益很可能流入企业。相关的经济利益很可能流入企业,是指销售商品价款收回的可能性大于不能收回的可能性,即销售商品价款收回的可能性超过 50%。通常情况下,企业销售的商品符合合同或协议要求,已将发票账单交付买方(承诺付款),就表明

销售商品价款收回的可能性大于不能收回的可能性。如果企业判断销售商品价款不是很可能流入企业,应当提供确凿的证据。

⑤ 相关的已发生或将发生的成本能够可靠地计量。通常情况下,销售商品相关的已发生或将发生的成本能够合理地估计。有时,销售商品相关的已发生或将发生的成本不能够合理地估计,此时企业不应确认收入,已收到的价款应确认为负债。

(2) 销售商品收入金额的计量

企业销售商品满足收入确认条件时,应当按照已收或应收合同或协议价款的公允价值确定销售商品收入金额。

从购货方已收或应收的合同或协议价款,通常为公允价值。某些情况下,合同或协议明确规定销售商品需要延期收取价款,如分期收款销售商品,实质上具有融资性质的,应当按照应收的合同或协议价款的现值确定其公允价值。应收的合同或协议价款与其公允价值之间的差额,应当在合同或协议期间内,按照应收款项的摊余成本和实际利率计算确定的摊销金额冲减财务费用。

3. 主营业务收入的核算

企业销售商品或提供劳务实现的收入,应按实际收到或应收的金额,借记"银行存款"、"应收账款"、"应收票据"等科目;按确认的营业收入,贷记"主营业务收入"科目。

本期(月)发生的销售退回或销售折让,按应冲减的营业收入,借记"主营业务收入"科目;按实际支付或应退还的金额,贷记"银行存款"、"应收账款"等科目。

上述销售业务涉及增值税销项税额的,还应进行相应的处理。

例 4-39

销售给 A 公司甲产品 100 件,每件售价 180 元,增值税 3 060 元,款项收到,存入银行。编制会计分录如下。

借:银行存款　　　　　　　　　　　　　　　　21 060
　贷:主营业务收入——甲产品　　　　　　　　　　　　18 000
　　　应交税费——应交增值税(销项税额)　　　　　　　　3 060

例 4-40

销售给 A 公司 100 件甲产品中,有两件因质量问题退款,用银行存款支付退款及增值税共计 421.20 元。编制会计分录如下。

借:主营业务收入——甲产品　　　　　　　　　　　360
　　应交税费——应交增值税(销项税额)　　　　　　61.20
　贷:银行存款　　　　　　　　　　　　　　　　　　　421.20

二、其他业务收入

其他业务收入是除主营业务以外的其他经营活动实现的收入,包括出租固定资产、出租无形资产、出租包装物和商品、销售材料等实现的收入。与主营业务收入相比,其他业务收入在企业业务收入中的比重较小或处于次要地位。企业确认的其他业务收入,借记"银行存款"、"其他应收款"等科目,贷记"其他业务收入"科目。

所有收入类科目期末要结转到"本年利润",期末账户余额为零。

例 4-41

某企业取得材料销售收入 100 000 元,增值税税率为 17%,收到商业汇票一张。编制会计分录如下。

借:应收票据		117 000
贷:其他业务收入		100 000
应交税费——应交增值税(销项税额)		17 000

例 4-42

12 月份,某企业实现各项收入中:主营业务收入 360 000 元,其他业务收入 100 000 元。企业应编制的会计分录如下。

借:主营业务收入		360 000
其他业务收入		100 000
贷:本年利润		460 000

知识四　营业成本

营业成本是利润表中的主要项目之一,包括主营业务成本和其他业务成本。营业成本应当与所销售商品或者所提供劳务而取得的收入进行配比。

营业成本也称经营成本、运营成本,是指企业所销售商品或者提供劳务的成本。营业成本又分为主营业务成本和其他业务成本,它们是与主营业务收入和其他业务收入相对应的一组概念。利润表中的营业成本数据来源于主营业务成本和其他业务成本。

一、主营业务成本

主营业务成本用于核算企业因销售商品、提供劳务或让渡资产使用权等日常活动而发生的实际成本。企业一般在确定销售商品、提供劳务等主营业务收入时或在月末,将已销售商品、已提供劳务的成本转入主营业务成本。其会计分录的写法如下。

借:银行存款
　　贷:主营业务收入
　　　　应交税费——应交增值税(销项税额)
借:主营业务成本
　　贷:库存商品(劳务成本)

例 4-43

2010 年 1 月 20 日,甲公司向乙公司销售一批产品,开出的增值税专用发票上注明售价为 200 000 元,增值税额为 34 000 元;甲公司已收到乙公司支付的货款 234 000 元,并将提货单送交乙公司;该批产品成本为 190 000 元。甲公司应编制如下会计分录。

(1) 销售实现时的会计分录

借:银行存款 234 000
　　贷:主营业务收入 200 000
　　　　应交税费——应交增值税(销项税额) 34 000

(2) 结转销售成本后的会计分录

借:主营业务成本 190 000
　　贷:库存商品 190 000

二、其他业务成本

其他业务成本用于核算企业除主营业务成本以外的其他销售或其他业务所发生的支出,包括销售原材料、出租固定资产的折旧额、出租无形资产的摊销额、出租包装物的成本或摊销额等。

企业发生的其他业务成本,借记"其他业务成本",贷记"原材料"、"周转材料"、"累计折旧"、"应付职工薪酬"、"银行存款"等科目。期末,应将该科目余额转入"本年利润"科目,结转后"其他业务成本"科目无余额。

例 4-44

某企业取得材料销售收入 1 000 元,增值税税率为 17%,款项已收存银行,该批材料的成本为 800 元。该企业应编制如下会计分录。

（1）销售实现时的会计分录

借：银行存款   1 170

  贷：其他业务收入   1 000

    应交税费——应交增值税（销项税额） 170

（2）结转销售成本后的会计分录

借：其他业务成本   800

  贷：原材料   800

三、期间费用

企业销售活动不仅涉及与营业收入直接有因果关系的营业成本，还涉及一些期间费用，如销售费用、管理费用和财务费用。从企业的损益确定来看，期间费用与产品销售成本、产品销售税金及附加一起从产品销售收入中扣除后作为企业当期的营业利润。

期间费用一般包括销售费用、管理费用和财务费用三类，企业设置"销售费用"、"管理费用"、"财务费用"账户来核算期间费用，这些账户借记增加，贷记减少，期末结转到"本年利润"账户后余额为零。

1. 销售费用

销售费用是企业在销售过程中所发生的费用。对企业而言，销售费用是指企业在销售产品、提供劳务过程中发生的各项费用以及销售本企业产品而专设销售机构的各项费用，具体包括应由企业负担的运输费、装卸费、包装费、保险费、展览费、销售佣金、委托代销手续费、广告费、租赁费和销售服务费用，专设销售机构的人员薪酬、福利费、差旅费、办公费、折旧费、修理费、材料消耗、低值易耗品摊销及其他费用。但企业内部销售部门属于行政管理部门，所发生的经费开支，不包括在销售费用之内，而应列入管理费用。

2. 管理费用

管理费用是企业管理和组织生产经营活动所发生的各项费用。管理费用包括的内容较多，以工业企业为例，具体包括公司经费（即企业管理人员的薪酬、福利费、差旅费、办公费、折旧费、修理费、物料消耗、低值易耗品摊销和其他经费）、工会经费、职工教育经费、劳动保险费、审计费、诉讼费、印花税、绿化费、排污费等。

3. 财务费用

财务费用是企业为进行资金筹集等理财活动而发生的各项费用，主要包括利息净支出、汇兑净损失、金融机构手续费和其他因资金而发生的费用。

期末，营业成本、期间费用和所有的损益类科目一样，结转到"本年利润"科目，期末余额为零。

例 4-45

月末，某企业结转本月发生的各项费用，其中：主营业务成本 262 000 元，其他业务成本 70 000 元，销售费用 5 000 元，营业税金及附加 2 300 元，管理费用 14 000 元，财务费用 800 元。编制会计分录如下。

借:本年利润		354 100
贷:主营业务成本		262 000
其他业务成本		70 000
销售费用		5 000
营业税金及附加		2 300
管理费用		14 000
财务费用		800

同步训练

训练一　熟悉销售业务涉及的相关内容

【训练要求】以下各题只有一个正确选项,请将正确选项的序号填在括号内。

1. 下列各项中,属于应收账款范围的是(　　　)。

A. 应向接受劳务单位收取的款项　　　B. 应收外单位的赔偿款

C. 应收存出保证金　　　D. 应向职工收取的各种垫付款项

2. 总价法是将(　　　)作为实际售价,记为应收账款的入账价值。

A. 未扣减商业折扣前的金额　　　B. 未扣减现金折扣前的金额

C. 扣减现金折扣后的金额　　　D. 扣减商业折扣和现金折扣的金额

3. 某企业某项应收账款 50 000 元,现金折扣条件为"2/10,1/20,n/30",客户在第 20 天付款,应给予客户的现金折扣为(　　　)元。

A. 1 000　　　B. 750　　　C. 500　　　D. 0

4. 某企业销售商品时从购货方手中收取的增值税应通过(　　　)科目进行核算。

A. 应交税费——应交增值税(销项税额)

B. 应交税费——应交增值税(进项税额)

C. 应交税费——应交增值税(已交税金)

D. 应交税费——应交增值税(进项税额转出)

5. 某小规模纳税企业销售产品一批,所开出的普通发票中注明的价款为 6 180 元(含税),增值税征收率为 3%,则该企业此项业务应交的增值税为(　　　)元。

A. 6 000　　　B. 180　　　C. 185.4　　　D. 1 050.6

6. 下列业务中,应该计入其他业务成本的是(　　　)。

A. 自用无形资产的摊销额　　　B. 结转出售原材料的成本

C. 转让无形资产所有权的净损益　　　D. 提供劳务的收入

7. 下列各项费用中,应计入产品销售费用的是(　　　)。

A. 工会经费　　　B. 绿化费　　　C. 坏账损失　　　D. 广告费

8. 下列各项费用中,应计入财务费用的是(　　　)。

A. 业务招待费　　　B. 金融机构手续费　　　C. 审计费　　　D. 包装费

训练二 熟悉销售中会计核算的相关内容

【训练要求】以下各题有多个正确选项,请将正确选项的序号填在括号内。

1. 应收账款的入账价值包括( )。
   A. 增值税销项税额 B. 增值税进项税额
   C. 代购货方垫付的包装费 D. 代购货方垫付的运杂费

2. 下列各项中,通过"应收账款"账户核算的是( )。
   A. 销售商品应收的款项 B. 销售原材料应收的款项
   C. 提供劳务应收的款项 D. 应收的各种赔款

3. 下列各项中,应记入"坏账准备"科目贷方的项目有( )。
   A. 经批准转销的坏账
   B. 年末按应收账款余额的一定比例计提的坏账准备
   C. 确实无法支付的应付账款
   D. 收回过去已经确认并转销的坏账

4. 坏账准备的提取方法包括( )。
   A. 余额百分比法 B. 账龄分析法
   C. 销货百分比法 D. 现销百分比法

5. 企业按规定交纳营业税的项目有( )。
   A. 出租无形资产取得的收入 B. 销售不动产取得的收入
   C. 销售商品取得的收入 D. 出售无形资产取得的收入

6. 下列属于增值税应税业务的有( )。
   A. 销售加湿器 B. 修理机器设备
   C. 销售厂房 D. 提供运输劳务

7. 一般纳税企业应交增值税明细账应该设置的专栏有( )。
   A. 销项税额 B. 进项税额
   C. 出口退税 D. 进项税额转出

8. 下列各项中,不属于企业主营业务收入的是( )。
   A. 出租固定资产取得的收入 B. 出售固定资产取得的收入
   C. 转让无形资产使用权的使用费收入 D. 销售商品

9. 按照我国《企业会计准则》的规定,下列各项中应确认为收入的是( )。
   A. 销售商品收入 B. 销售原材料收入
   C. 出租固定资产的租金收入 D. 出售无形资产取得的收入

训练三 练习应收账款中坏账准备的核算

【训练要求】根据下面给定的资料,计算各期应计提的坏账准备。
甲企业采用余额百分比法核算坏账损失,坏账准备的提取比例为 5%,有关资料如下:
① 该企业从 2008 年开始提取坏账准备,该年年末应收账款余额为 200 000 元。

② 2009 年年末应收账款余额为 240 000 元,2009 年年末发生坏账损失。

③ 2010 年 4 月,经有关部门确认发生一笔坏账损失,金额为 15 000 元。

④ 2010 年年末应收账款余额为 220 000 元。

⑤ 2011 年 6 月上述已核销的坏账又收回 10 000 元。

⑥ 2011 年年末应收账款余额为 250 000 元。

训练四　练习销售业务涉及的会计核算

【训练要求】 根据下面给定的资料,编制相关会计分录。

某公司 11 月发生下列经济业务:

① 销售给 A 公司甲产品 100 件,每件售价 280 元,增值税税率为 17%,款项收到,存入银行。

② 以银行存款支付销售甲产品的广告费 700 元。

③ 销售给 B 公司甲产品 50 件,每件售价 180 元,增值税 1 530 元,货款和增值税共计 10 530 元,收到该公司开出的期限为 3 个月的商业承兑汇票一张。

④ 销售给 C 公司乙产品 100 件,每件售价 50 元,增值税 850 元,收到支票一张并存入银行。

⑤ 销售给 A 公司的 100 件甲产品中,有两件因质量问题退款,用银行存款支付退款及增值税。

⑥ 计算本月应负担的产品销售税金为 2 400 元。

⑦ 月末,计算销售产品的生产成本。甲产品每件成本 200 元,乙产品每件成本 30 元,丙产品每件成本 18 元。

任务四

核算所有者权益

定义

所有者权益也称股东权益,是企业所有者对企业净资产的要求权。

所有者权益是会计要素之一,同时也是重要的会计报表内容之一。体现所有者在企业资产中享有的经济利益,是企业资本的提供者拥有的求偿权益。所有者在不同类型企业的称谓不同,独资、合伙企业的所有者权益称业主权益或合伙人权益;股份制企业的所有者权益称股东权益。

所有者权益在金额上等于企业的全部资产减去全部负债后的差额。其与资产、负债两个会计要素共存于会计基本等式"资产＝负债＋所有者权益"中,该等式展示了三者之间的内在关系。

在企业持续经营的情况下,除符合法律程序减资外,所有者一般不能提前撤回投资。当企业清算时,其求偿在债权人之后。所有者(股东)作为企业的主人,应当与企业共担经营风险并共享经营利润,拥有参与企业的经营决策的权利和对企业净资产的处置权利。

所有者权益由四个部分构成,包括实收资本(或股本)、资本公积、盈余公积、未分配利润。这些项目在企业资产负债表中分项列示。

学习引导

知识一　实收资本

> **定义**
>
> 实收资本是投资人按照企业章程或合同、协议的约定,实际投入企业的资本。

实收资本是所有者权益的主体部分,是企业投资者的投入资本,是企业注册资本的来源。

一、实收资本与注册资本、投入资本

注册资本是企业在登记机关登记注册的资本额,也叫法定资本。在我国,开立企业采用注册资本制,即企业开立的必要前提之一是要达到法定的注册资本要求。根据注册资本制的要求,除国家另行规定外,企业会计核算中的实收资本应当与注册资本相一致,企业不得擅自改变注册资本数额或抽减资金。企业注册资本的来源是投资者投入资本。

投入资本是指投资人实际投入企业的资本额。企业接受的投资,既可以来源于境内,也可以来源于境外。投资人包括国家、法人、个人、外方等。投入资本分类如图 4-7 所示。另外,按投资形式不同,投资人对企业的投资可以分为货币资金投资、实物(房屋、机器等)投资、无形资产(专利权、商标权等)投资等。

　　一般情况下,投资者投入资本构成企业的实收资本,也正好等于其在登记机关的注册资本。但是,在一些特殊情况下,投资者也会因种种原因超额投入(如溢价发行股票等),从而使得其投入资本超过企业注册资本,在这种情况下,企业应单独进行会计核算,计入资本公积。

　　明确实收资本与注册资本和投入资本三者之间的关系,利于对实收资本做出正确的判断。

　　《中华人民共和国公司法》(以下简称《公司法》)规定,企业申请开业,必须具备符合国家规定并与其生产经营和服务相适应的资金数额,并且规定有限责任公司注册资本的最低限额为人民币 3 万元,一人有限责任公司注册资本最低限额为人民币 10 万元,股份有限公司注册资本的最低限额为人民币 500 万元。

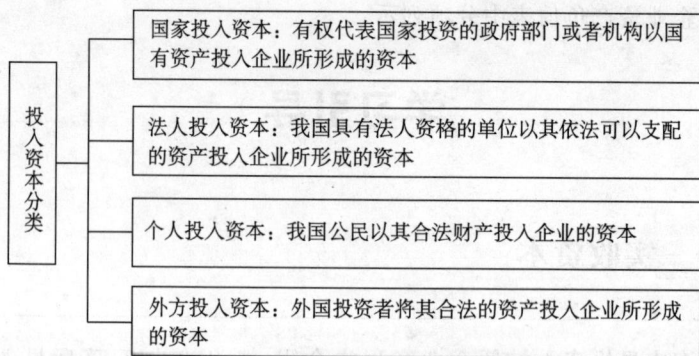

图 4-7　投入资本分类

二、注册资本与注册资金

　　注册资金是国家授予企业法人经营管理的财产或者企业法人自有财产的数额体现。注册资金与注册资本虽然只有一字之差,但在概念上存在很大差异。注册资金所反映的是企业经营管理权;注册资本则反映的是公司法人财产权。注册资金是企业实有资产的总和,注册资本是出资人实交的出资额的总和。注册资金随实有资金的增减而增减,即当企业实有资金比注册资金增加或减少 20% 以上时,要进行变更登记;而注册资本非经法定程序,不得随意增减。

　　总之,实收资本反映着公司的法人所有权以及股权的双重关系。一方面,作为公司法人所有权的客体,实收资本既是公司法人进行经营活动的经济支柱,是企业生产经营活动正常进行的保障,又是公司法人独立对外承担民事法律责任的财产基础以及对债权人的保障;另一方面,作为股权关系的反映,它既是股东履行出资义务的记录,同时又是其行使表决权、分配权等权利的依据,集中体现了股东之间的权利和利益分配的比例关系。一般情况下,企业可以长期周转使用实收资本,不需要偿还。

三、实收资本的核算

为了核算企业与实收资本相关的业务,应通过"实收资本"账户核算。

"实收资本"账户用来核算企业按照企业章程的规定由投资者投入企业的资本。该账户为所有者权益类账户,贷方登记投资者投入企业的各种资本额以及由资本公积和盈余公积转入的数额,借方登记在特殊情况下由投资者抽回的资本额,贷方余额反映投资者的投资资本实际额。该账户可按投资人设置明细账户。对于股份制公司,该账户改设为"股本"账户。

企业实际收到投资者超过其在该企业注册资本中所占份额的部分,在"资本公积"账户核算,不记入"实收资本"账户。

① 收到投资者投资所应编制的会计分录见例4-46~例4-48。

例 4-46

某企业收到某外商投入资金 220 000 元。编制的会计分录如下。

借:银行存款 220 000
　贷:实收资本 220 000

例 4-47

某企业收到甲公司投入汽车一辆,其账面价值为 450 000 元,已提折旧 100 000 元。接受投资时,双方协议固定资产的价值为 400 000 元。编制的会计分录如下。

借:固定资产 400 000
　贷:实收资本 400 000

> 股份有限公司的投资者投入的资本,应当将"实收资本"账户改为"股本"账户,并进行核算。

例 4-48

某企业收到甲公司投入的价值为 6 000 元的材料一批。编制的会计分录如下。

借:原材料 6 000
　贷:实收资本 6 000

投资者以非现金资产投入的资本,应在办理产权转移手续时,按照投资合同或协议约定的价值,借记有关资产账户;按投入资本在注册资本中所占份额,贷记"实收资本(或股本)"账户;按其差额,贷记"资本公积——资本溢价"。

② 将资本公积或盈余公积转为实收资本所应编制的会计分录见例 4-49 和例 4-50。

例 4-49

某企业将资本公积 550 000 元转作实收资本。编制的会计分录如下。

借:资本公积　　　　　　　　　　　　　　550 000
　贷:实收资本　　　　　　　　　　　　　　　　550 000

例 4-50

某企业将盈余公积 123 000 元转为实收资本。编制的会计分录如下。

借:盈余公积　　　　　　　　　　　　　　123 000
　贷:实收资本　　　　　　　　　　　　　　　　123 000

知识二　资本公积

定义

资本公积是企业收到投资者超出其在企业注册资本中所占份额的投资,以及直接计入所有者权益的利得和损失等。

资本公积是所有者权益中一个比较特殊的部分,是由所有者共同享有的。

一、资本公积的来源

资本公积有特定的来源渠道,它是由投入资本和资本交易等所引起的资本增值,或是其他单位投入的不形成实收资本的资产转化形成。

资本公积不是由企业正常经营活动产生,也不是由企业实现的利润转化形成。从本质上说,资本公积相当于准资本,不是法定资本。

二、资本公积的组成

资本公积主要包括以下两个部分。

① 资本溢价：是企业投资者投入的资金超过其在注册资本中所占份额的部分（包括股票溢价）。

② 其他资本公积：是除上述资本溢价（或股本溢价）以外所形成的资本公积，其中主要是直接计入所有者权益的利得和损失。

三、资本公积的核算

为了核算企业与资本公积相关的业务，应通过"资本公积"账户核算。

"资本公积"账户为所有者权益类账户。该账户核算企业收到投资者出资额超出其在注册资本或股本中所占份额的部分及直接计入所有者权益的利得和损失。

> 在公司溢价发行股票时，股东通过购买股票投入公司的资本就会超出股本总额，其超出部分应记入"资本公积"账户。

该账户的贷方登记资本公积的增加额，借方登记资本公积的减少额，期末余额在贷方，反映企业实有的资本公积金余额。该账户分别按"资本溢价（股本溢价）"、"其他资本公积"进行明细核算。

例 4-51

某公司以 100 万元的出资成为 A 公司的新增投资者。其中，80 万元记作实收资本，20 万元记作资本溢价，款项存入银行。编制的会计分录如下。

借：银行存款　　　　　　　　　　　　　　　　　1 000 000

　贷：实收资本　　　　　　　　　　　　　　　　　800 000

　　资本公积——资本溢价　　　　　　　　　　　200 000

> 由于企业新增投资人与原投资人在出资时间上的差异，使得他们对企业的影响程度不同，导致他们享有的权利也不同，即前者大于后者。所以，新加入的投资者要付出大于原投资者的出资额，才能取得与原有投资者相同的投资比例，才能与原投资者共享企业已有的留存收益。

知识三   留存收益

留存收益是企业从历年实现利润中提取或留存企业内部的积累。它是企业通过生产经营活动所实现的净利润而未向投资者分配的部分,包括盈余公积和未分配利润。

留存收益是所有者权益中一个重要的组成部分,属于投资者的利润,它因企业取得净利润而增加,因发放股利及用于弥补企业发生的亏损而减少,必要时也可以转增资本。

一、留存收益的构成

留存收益由盈余公积和未分配利润两部分组成,如图 4-8 所示。

1. 盈余公积

盈余公积是指企业按照国家有关规定从利润中提取的公积金。公司制企业的盈余公积主要包括法定盈余公积和任意盈余公积。

公司制企业按照税后利润的 10％提取法定盈余公积,当计提的法定盈余公积累计金额达到注册资本的 50％时,可以不再提取;非公司制企业可以按照超过 10％的比例提取。在计算提取法定盈余公积的基数时,应注意不包括年初未分配利润。

任意盈余公积是公司制企业按照股东大会或类似机构决定的比例从税后利润中提取的盈余公积。

法定盈余公积是按照国家法律或法规提取的,任意盈余公积是由企业自行决定提取的。因此,两者最主要的区别是提取的依据不同。

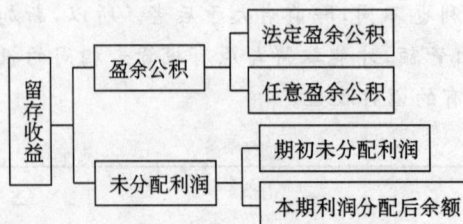

图 4-8   留存收益的构成   图 4-9   盈余公积的作用

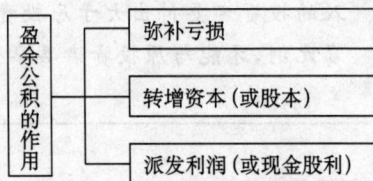

　　企业提取的盈余公积归普通股东所拥有，是已指定用途的留存收益。作为企业提取的法定盈余公积和任意盈余公积在企业经营过程中发挥的具体作用如图 4-9 所示。

　　企业在生产经营过程中发生的亏损应当自行弥补。弥补亏损的渠道主要有：

　　① 按《税法》的有关规定，用以后 5 年内税前利润弥补。

　　② 超过《税法》规定的弥补期限仍未补足的部分，可用以后年度税后利润弥补。

　　③ 由董事会提议，经股东大会批准后，企业可用盈余公积弥补亏损。

　　企业依据股东大会或类似机构批准后，可将已提取的累计较多的盈余公积用于转增资本或股本。转增应按股东的原持股比例进行，转增后留存的盈余公积不能少于注册资本的 25%。

　　一般情况下，企业提取的盈余公积不得用于向投资者分配利润或股利。只有当股份制公司累计的盈余公积较多，而未分配利润又较少时，对于符合规定的企业来说，可以用盈余公积派发现金股利或利润。

　　由于用盈余公积补亏、转增资本或股本都是企业所有者权益内部结构的转换，因此不会引起企业所有者权益总额的改变。

2. 未分配利润

　　未分配利润是未指定用途的留存收益，是企业留于以后年度分配的利润或待分配利润。

　　从数量上说，企业当年实现的净利润（或发生的亏损），加上年初未分配利润（或减去年初未弥补亏损），即为当年可供分配的利润，在先后提取法定公积金、支付优先股股利、提取任意公积金、支付普通股股利后，其余额即为年末未分配利润。

二、留存收益的核算

　　为了核算企业的留存收益，应设置如下账户。

　　①"盈余公积"账户。该账户属所有者权益类账户，贷方登记盈余公积的增加额，借方登记盈余公积的减少额，期末余额在贷方，反映企业期末盈余公积的实有额，可设置"法定盈余公积"、"任意盈余公积"明细账户进行明细核算。

　　②"利润分配"账户。该账户属所有者权益类账户，用于核算企业利润的分配（或亏损的弥补）以及历年分配（或弥补）后的余额，可设置"提取法定盈余公积"、"提取任意盈余公积"、"应付现金股利或利润"、"盈余公积补亏"、"未分配利润"等明细账户进行明细核算。

例 4-52

　　某企业 2009 年实现净利润 1 000 000 元。根据《公司法》的规定，按 10% 提取法定公积金；根据股东大会决议，按 20% 提取任意盈余公积金。编制会计分录如下。

　　借：利润分配——提取法定盈余公积　　　　　　　　　　100 000

　　　　　　　　——提取任意盈余公积　　　　　　　　　　200 000

贷：盈余公积——法定盈余公积　　　　　　　　　　　100 000

　　　　——任意盈余公积　　　　　　　　　　　200 000

同步训练

训练一　熟悉所有者权益涉及的相关内容(上)

【训练要求】以下各题只有一个正确选项,请将正确选项的序号填在括号内。

1. 甲公司 2010 年年初"利润分配——未分配利润"账户的余额在借方,数额为 50 万元,2010 年实现净利润 200 万元,提取盈余公积 20 万元,分配利润 50 万元,则 2010 年年末未分配利润的数额为(　　)万元。

　　A. 130　　　　　　　B. 150　　　　　　　C. 80　　　　　　　D. 180

2. "利润分配"账户的年末借方余额表示(　　)。

　　A. 本期实现的净利润　　　　　　　　　　B. 本期发生的净亏损

　　C. 企业的未分配利润　　　　　　　　　　D. 累计尚未弥补的亏损

3. 关于盈余公积,下列说法不正确的是(　　)。

　　A. 可以用于发放现金股利或利润　　　　　B. 可以用于弥补亏损

　　C. 可以用于转增资本　　　　　　　　　　D. 可以用于偿还负债

4. 盈余公积在转增资本时,按规定保留的余额不应少于注册资本的(　　)。

　　A. 20%　　　　　　　B. 10%　　　　　　　C. 25%　　　　　　　D. 30%

5. 企业用盈余公积弥补亏损时,应贷记(　　)科目。

　　A. 盈余公积——法定盈余公积　　　　　　B. 盈余公积——法定公益金

　　C. 本年利润　　　　　　　　　　　　　　D. 利润分配——盈余公积补亏

6. 企业提取的法定盈余公积不得用于(　　)。

　　A. 弥补亏损　　　　　　　　　　　　　　B. 转增资本

　　C. 发放现金股利或利润　　　　　　　　　D. 职工集体福利设施

7. 甲公司现有注册资本 1 000 万元,乙公司想投资入股,计划投入 400 万元,拥有 20% 股份,则接受投资后甲公司的资本公积增加(　　)万元。

　　A. 320　　　　　　　B. 200　　　　　　　C. 150　　　　　　　D. 400

8. 某企业发行 10 000 股新股,每股面值为 1 元,发行价为每股 5 元,则记入"资本公积"的数额为(　　)元。

　　A. 10 000　　　　　　B. 50 000　　　　　　C. 40 000　　　　　　D. 20 000

9. 某企业收到投资方以现金投入的资本,实际投入的金额超过其在注册资本中所占份额的部分,应记入(　　)账户。

　　A. 实收资本　　　　　　　　　　　　　　B. 资本公积

　　C. 盈余公积　　　　　　　　　　　　　　D. 投资收益

10. 股份有限公司发行股票筹集到的资金应该记入(　　)账户。

　　A. 实收资本　　　　　　　　　　　　　　B. 股本

C. 盈余公积　　　　　　　　　　　　　D. 未分配利润

训练二　熟悉所有者权益涉及的相关内容（下）

【训练要求】判断以下各题是否正确,并将判断结果填在括号内。

1. 未分配利润是留待以后年度分配的利润。　　　　　　　　　　　　　　（　　）
2. "利润分配——未分配利润"账户的年末贷方余额表示未弥补的亏损数。　（　　）
3. 在某些情况下,当企业累计的盈余公积比较多,而未分配利润比较少时,对于符合条件的企业,也可以用盈余公积分配现金股利或利润。　　　　　　　　　　（　　）
4. 用盈余公积转增资本(股本)后,留存的盈余公积数额不得低于注册资本的25%。
　　　　　　　　　　　　　　　　　　　　　　　　　　　　　　　　　（　　）
5. 计提的法定盈余公积累计达到注册资本的80%时,可以不再提取。　　（　　）
6. 资本公积和盈余公积都与利润有关。　　　　　　　　　　　　　　　　（　　）
7. 资本公积的主要用途是用来转增资本。　　　　　　　　　　　　　　　（　　）
8. 资本公积只有在所有者投入企业的资金超过注册资本总额时才可能发生。（　　）
9. 企业的实收资本应当与注册资本相一致,企业不得擅自改变注册资本的数额或抽出资金。　　　　　　　　　　　　　　　　　　　　　　　　　　　　　　　　（　　）

训练三　熟悉企业利润分配并进行会计核算

【训练要求】根据下面给定的资料,计算年末"利润分配——未分配利润"账户余额,并编制相关会计分录。

某公司2006年年初的"利润分配——未分配利润"账户的贷方余额为20 000元,当年实现净利润600 000元,以净利润的10%的比例提取法定盈余公积,以8%计提任意盈余公积,当年没有分配股利。

训练四　熟悉企业注册资本并进行会计核算

【训练要求】根据下面给定的资料,计算注册资本的数额,并编制相关会计分录。

甲、乙、丙三个投资者,投资成立一个有限责任公司,甲投入货币资金100 000元;乙投入货币资金120 000元;丙以房屋和设备进行投资,房屋作价100 000元,设备协议价80 000元。

训练五　熟悉企业募集资金并进行会计核算

【训练要求】根据下面给定的资料,编制相关会计分录。

甲股份有限公司委托某证券公司发行普通股1 000万股,每股面值1元,每股发行价格为4元。根据约定,股票发行成功后,甲股份有限公司按发行收入的2%向某证券公司支付发行费。股票发行成功,手续费从发行收入中扣除。

主题单元五

财务报表的编制与分析

知识目标

- ▷ 资产负债表的格式和内容
- ▷ 利润表的格式和内容
- ▷ 现金流量表的格式和内容

训练目标

- ▷ 资产负债表的编制与分析
- ▷ 利润表的编制与分析
- ▷ 现金流量表的编制与分析

任务一

编制财务报表

　　财务报表是以报表的形式将与会计主体有关的财务状况、经营成果和现金流量等各种财务会计信息传递给会计报表使用者的重要手段。

　　在日常的会计核算工作中,对会计主体所发生的各种经济业务,通过填制会计凭证、登记账簿等方法进行连续、系统、全面的记录,形成了日常核算资料。但这些资料提供的会计信息比较庞杂、分散,不便于使用者理解和利用。

　　为了增强会计信息的有用性和价值,财务人员会定期把日常核算资料进行分类、汇总,并按一定的格式和要求编制成财务报表,总括、综合、清晰地反映会计主体的经济资源、现存义务和投资者权益及其变动等情况。

　　　　财务报表使用者包括:企业管理者、政府相关部门、投资者、债权人、社会公众。

　　财务报表提供的主要信息包括:

　　① 有助于预计会计主体的综合能力的财务状况资料。

　　② 评价会计主体对所控制经济资源的利用程度,判断会计主体所能控制的经济资源的潜在能力和新增资源利用程度的获利能力资料。

　　③ 会计主体在一定期间的经营活动、投资活动和筹资活动对现金流量影响的情况,会计主体取得现金和现金等价物的方式以及现金流出的合理性等财务信息。

　　④ 其他相关信息,如股东权益增减变动情况等。

　　一套完整的财务报表至少应包括资产负债表、利润表、现金流量表、所有者权益(或股东权益)变动表及附注。

財務報表提供的會計信息既是投資者、債權人等進行投資和信貸決策的依據,也是國家進行宏觀經濟管理的信息來源。

学习引导

知识一　资产负债表

> **定义**
>
> 资产负债表是反映企业某一特定日期(如月末、季末、年末)财务状况的报表。

资产负债表是会计主体按期编制的重要财务报表之一,是会计人员通过对日常工作中形成的大量数据资料进行归类整理后,按照一定的标准和分类顺序,将会计主体特定日期的资产、负债、所有者权益各项目予以适当排列、编制而成的。因此,资产负债表又称为静态报表。

一、资产负债表的作用

资产负债表能够提供会计主体资产、负债和所有者权益的全貌,能够集中展示会计主体在某一特定日期所拥有或控制的经济资源及其分布情况,所承担的经济义务和所有者对企业净资产的要求权。它有助于分析、评价、预测会计主体的财务状况、资本结构及长、短期偿债能力,其发挥的主要作用如图 5-1 所示。

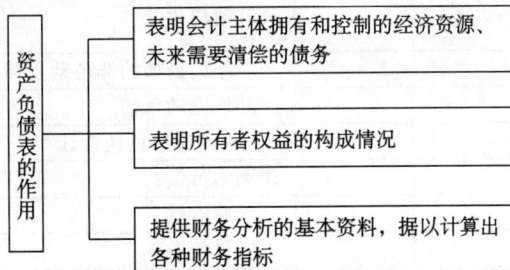

图 5-1　资产负债表的作用

二、资产负债表的格式和内容

资产负债表有两种格式,即报告式和账户式。在我国,目前采用账户式资产负债表,即资产负债表分为左方和右方,左方列示资产类各项目,右方列示负债和所有者权益各项目,就像"丁"字形账户一样。通过账户式的资产负债表反映资产、负债和所有者权益之间的内在关系,从而使资产负债表达到左右两方平衡。

> 资产负债表的编制依据是"资产=负债+所有者权益"这一会计等式,因此,资产各项目的合计等于负债和所有者权益各项目的合计。

账户式资产负债表的格式如表5-1所示。

表 5-1

资产负债表

编制单位:　　　　　　　　　　年　月　日　　　　　　　　会企01表
单位:元

资　　产	期末余额	期初余额	负债和所有者权益(或股东权益)	期末余额	期初余额
流动资产:			流动负债:		
货币资金			短期借款		
交易性金融资产			交易性金融负债		
应收票据			应付票据		
应收账款			应付账款		
预付账款			预收账款		
应收利息			应付职工薪酬		
应收股利			应交税费		
其他应收款			应付利息		
存货			应付股利		
一年内到期的非流动资产			其他应付款		
其他流动资产			一年内到期的非流动负债		
流动资产合计			其他流动负债		
非流动资产:			流动负债合计		
可供出售金融资产			非流动负债:		
持有至到期投资			长期借款		
长期应收款			应付债券		
长期股权投资			长期应付款		
投资性房地产			专项应付款		
固定资产			预计负债		
在建工程			递延所得税负债		
工程物资			其他非流动负债		

续表

资　　产	期末余额	期初余额	负债和所有者权益（或股东权益）	期末余额	期初余额
固定资产清理			非流动负债合计		
生产性生物资产			负债合计		
油气资产			所有者权益（或股东权益）：		
无形资产			实收资本（或股本）		
开发支出			资本公积		
商誉			减：库存股		
长期待摊费用			盈余公积		
递延所得税资产			未分配利润		
其他非流动资产			所有者权益 （或股东权益）合计		
非流动资产合计					
资产总计			负债和所有者权益 （或股东权益）总计		

由表 5-1 可以看出，资产负债表的表首标题列示了报表名称、编制单位、编制日期和货币单位等内容；报表主体由资产、负债和所有者权益各项目的金额构成；另外，资产负债表还可以包括附注部分，以用于进行文字说明等。

> 资产负债表中各项目的排列顺序是：资产类项目按流动性从大到小排列；负债类项目按偿还期由近到远排列；所有者权益类项目按其永久性递减的顺序排列。

三、资产负债表的编制方法

（一）编制的基本方法

1. 根据总账账户余额直接填列

资产负债表中的大多数项目都是根据相应的总账账户期末余额直接填列，如"交易性金融资产"、"短期借款"、"应付票据"、"应付职工薪酬"等项目。

2. 根据总账账户余额计算填列

资产负债表中的有些项目需要根据几个总账账户的期末余额计算填列。例如，对于"货币资金"项目，应根据"库存现金"、"银行存款"和"其他货币资金"三个总账账户的期末余额的合计数填列；对于"存货"项目，应根据"原材料"、"委托加工物资"、"周转材料"、"材料采购"、"在途物资"、"发出商品"、"材料成本差异"等总账账户期末余额分析汇总数，再减去"存货跌价准备"账户期末余额后的净额填列。

3. 根据明细账户余额计算填列

资产负债表中的某些项目不能根据总账账户的期末余额，或几个总账账户的期末余额计算填列，而应根据有关账户所属的相关明细账户的期末余额计算填列。例如，对于"应付账款"项目，应根据"应付账款"、"预付账款"账户的所属相关明细账户的期末贷方余额计算填列；对于"应收账款"项目，应根据"应收账款"、"预收账款"账户的所属相关明细账户的期末借方余额计算填列。

4. 根据总账账户和明细账户余额分析计算填列

资产负债表中的某些项目应根据总账账户和明细账户的余额分析计算填列。例如，对于"长期借款"项目，应根据"长期借款"总账账户余额减去"长期借款"账户所属的明细账户中将于一年内到期的长期借款后的金额计算填列；对于"长期待摊费用"项目中将于一年（含一年）内摊销完毕的部分，应在流动资产项目"一年内到期的非流动资产"中反映。

5. 根据账户余额减去其备抵账户后的净额填列

资产负债表中的有些项目应根据该账户的期末余额，减去其所计提的各种减值准备后的净额填列。例如，对于"固定资产"项目，应根据"固定资产"账户的期末余额减去"累计折旧"、"固定资产减值准备"备抵账户余额后的净额填列；对于"无形资产"项目，应根据"无形资产"账户的期末余额减去"累计摊销"、"无形资产减值准备"备抵账户余额后的净额填列。

（二）编制的具体方法

1. 资产负债表中"期初余额"栏的填列方法

资产负债表中"期初余额"栏内各项数字，应根据上年年末资产负债表中"期末余额"栏内所列数字填列。如果上年度资产负债表规定的各个项目的名称和内容同本年度不相同，应对上年年末资产负债表中各项目的名称和数字按照本年度的规定进行调整，填入资产负债表中的"期初余额"栏内。

2. 资产负债表中"期末余额"栏的填列方法

资产负债表中"期末余额"栏内各项数字，应当根据资产、负债和所有者权益的期末情况填列。

> 资产负债表中各项目分别按"期初余额"、"期末余额"两栏填列，便于报表使用者比较不同时点资产负债表的数据，了解企业财务状况及发展趋势。

①"货币资金"项目,反映企业期末持有的库存现金、银行存款和其他货币资金的总额。

②"交易性金融资产"、"应收票据"、"预付账款"、"应收股利"、"应收利息"、"其他流动资产"、"可供出售金融资产"、"在建工程"、"工程物资"、"固定资产清理"、"开发支出"、"商誉"、"递延所得税资产"、"其他非流动资产"等项目,反映企业持有的相应资产的期末价值。其中,"固定资产清理"的净损失以"－"号填列。

③"应收账款"、"其他应收款"、"长期应收款"、"存货"、"消耗性生物资产"、"持有至到期投资"、"投资性房地产"、"长期股权投资"、"固定资产"、"生产性生物资产"、"油气资产"、"无形资产"等项目,反映企业期末持有的相应资产的实际价值,应当以扣减提取的相应资产减值准备后的净额填列。其中,"固定资产"、"无形资产"、"生产性生物资产"、"油气资产"项目,还应按减去相应的"累计折旧"、"累计摊销"、"累计折耗"期末余额后的金额填列。

对于材料采用计划成本核算以及库存商品采用计划成本或售价核算的,"存货"项目还应按加上或减去"材料成本差异"、"商品进销差价"期末余额后的金额填列。

④"短期借款"、"应付票据"、"应付账款"、"预收账款"、"应付职工薪酬"、"应交税费"、"应付利息"、"应付股利"、"其他应付款"、"预计负债"、"其他流动负债"、"长期借款"、"应付债券"、"专项应付款"、"递延所得税负债"、"其他非流动负债"等项目,一般应反映企业期末尚未偿还的短期借款、应付未付给职工的各种薪酬、应交未交税费等。其中,"应付职工薪酬"、"应交税费"等期末转为债权的,以"－"号填列。

⑤"实收资本(或股本)"、"资本公积"、"盈余公积"、"库存股"等项目,一般应反映企业期末持有的接受投资者投入企业的实收资本、从净利润中提取的盈余公积余额、企业收购的尚未转让或注销的本公司股份金额等。其中,期末累计"未分配利润"、"资本公积"为负数的,以"－"号填列。

⑥企业与同一客户在购销商品结算过程中形成的债权债务关系,应单独列示,不能相互抵消,即应收账款不能与预收账款相互抵消、预付账款不能与应付账款相互抵消、应付账款不能与应收账款相互抵消、预收账款不能与预付账款相互抵消。

> 资产负债表中的项目与会计账户的分类和名称不完全相同,不要把两者相混淆。另外,资产负债表中的"货币资金"、"存货"、"一年内到期的非流动资产"、"一年内到期的非流动负债"、"未分配利润"等项目,并不与账户同名称。

四、资产负债表的编制演练

根据如表 5-2 所示的某企业 2009 年 12 月 31 日的各有关账户余额,编制该企业 2009 年 12 月 31 日的资产负债表("期初余额"略)。

表 5-2　某企业 2009 年 12 月 31 日的各有关账户余额　　　　单位:元

账 户 名 称	借方余额	账户名称	贷方余额
库存现金	2 500	短期借款	28 000
银行存款	61 000	应付账款	27 500
交易性金融资产	29 000	长期借款	40 000
应收票据	17 000	应付债券	46 500
应收账款	64 000	实收资本	13 8000
坏账准备	−1 000	盈余公积	23 900
原材料	86 500	利润分配	3 000
固定资产	57 900		
累计折旧	−15 000		
长期待摊费用	5 000		
合　计	306 900	合　计	306 900

【解析】根据表 5-2 中的资料,对下列项目进行如下计算。

货币资金＝2 500＋61 000＝63 500(元)

应收账款＝64 000−1 000＝63 000(元)

固定资产＝57 900−15 000＝42 900(元)

计算后编制的资产负债表如表 5-3 所示。

表 5-3

资产负债表

会企 01 表

编制单位:某企业　　　　　　　　2009 年 12 月 31 日　　　　　　　单位:元

资　　产	期末余额	负债和所有者权益(或股东权益)	期末余额
流动资产:		流动负债:	
货币资金	63 500	短期借款	28 000
交易性金融资产	29 000	交易性金融负债	
应收票据	17 000	应付票据	
应收账款	63 000	应付账款	27 500
预付账款		预收账款	
应收利息		应付职工薪酬	
应收股利		应交税费	
其他应收款		应付利息	
存货	86 500	应付股利	
一年内到期的非流动资产		其他应付款	
其他流动资产		一年内到期的非流动负债	
流动资产合计	259 000	其他流动负债	
非流动资产:		流动负债合计	55 500
可供出售金融资产		非流动负债:	
持有至到期投资		长期借款	40 000

续表

资　产	期末余额	负债和所有者权益(或股东权益)	期末余额
长期应收款		应付债券	46 500
长期股权投资		长期应付款	
投资性房地产		专项应付款	
固定资产	42 900	预计负债	
在建工程		递延所得税负债	
工程物资		其他非流动负债	
固定资产清理		非流动负债合计	86 500
生产性生物资产		负债合计	142 000
油气资产		所有者权益(或股东权益):	
无形资产		实收资本(或股本)	138 000
开发支出		资本公积	
商誉		减:库存股	
长期待摊费用	5 000	盈余公积	23 900
递延所得税资产		未分配利润	3 000
其他非流动资产		所有者权益(或股东权益)合计	164 900
非流动资产合计	47 900		
资产总计	306 900	负债和所有者权益(或股东权益)总计	306 900

知识二　利润表

定义

利润表是反映企业一定期间(如月度、季度、年度)经营成果的报表。

利润表也是会计主体按期编制的主要会计报表之一,它可以提供会计主体在一定时期经济活动的过程及成果的指标资料。通过利润表能够反映会计主体某一期间取得的利润或出现的亏损情况。从反映资金运动的角度,它是一种反映会计主体经营资金运动的报表,所以又称为动态会计报表。

一、利润表的作用

利润表是企业经营业绩的综合体现,也是进行利润分配的主要依据。利润的多少是投资者及其利益关系人关注的焦点,更是企业生存与发展的关键。因此,利润表的作用十分重要,主要体现如图5-2所示的几个方面。

```
          ┌─────────────────────────────────────────────┐
          │  有助于评价会计主体经营成果和分配利润的能力      │
          ├─────────────────────────────────────────────┤
   利      │  有助于评价和预测会计主体的偿债能力            │
   润      ├─────────────────────────────────────────────┤
   表      │  有助于经营决策者预测未来的盈利趋势和做出经营决策  │
   的      ├─────────────────────────────────────────────┤
   作      │  有助于投资者了解投入资本的保值和增值情况        │
   用      └─────────────────────────────────────────────┘
```

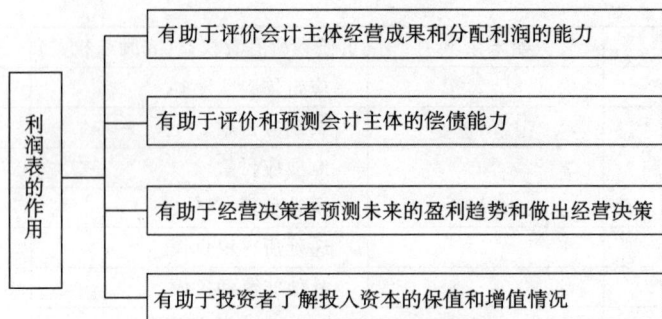

图 5-2　利润表的作用

二、利润表的格式和内容

利润表有单步式和多步式两种格式。在我国,利润表一律采用多步式,即对当期发生的收入、收益、费用、支出项目按项目的预测价值为标准划分归类,按利润形成的主要环节列示各项利润指标;以经常重复发生的收入项目和费用项目,作为预测未来的基础;而偶然发生的收入项目和费用项目不作为预测依据,从而提高利润表信息的预测价值。

> 利润表依据权责发生制原则,其理论基础是"收入－费用＝利润"这一会计等式。

多步式利润表中的当期净利润,是经过多步收入与费用配比计算确定的,具体计算过程如图 5-3 所示。

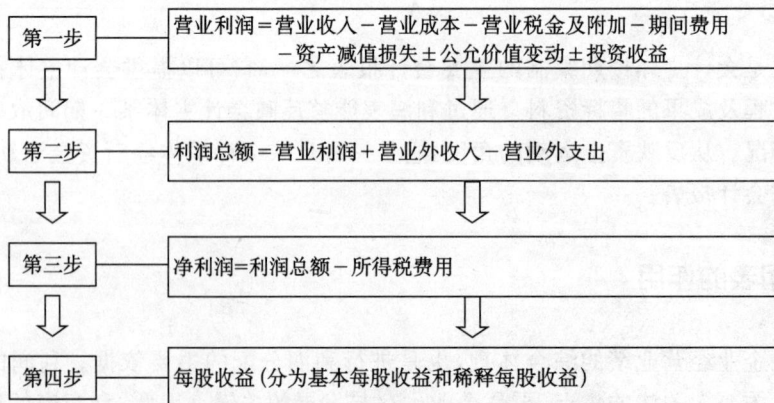

```
第一步   营业利润＝营业收入－营业成本－营业税金及附加－期间费用
              －资产减值损失±公允价值变动±投资收益
                          ↓
第二步   利润总额＝营业利润＋营业外收入－营业外支出
                          ↓
第三步   净利润＝利润总额－所得税费用
                          ↓
第四步   每股收益(分为基本每股收益和稀释每股收益)
```

图 5-3　多步式利润表中利润的计算步骤

多步式利润表的格式如表 5-4 所示。

表 5-4

利润表

会企 02 表

编制单位：　　　　　　　　　　　　　　年　　月　　　　　　　　　　　　单位:元

项　　目	本 期 金 额	上 期 金 额
一、营业收入		
减:营业成本		
营业税金及附加		
销售费用		
管理费用		
财务费用		
资产减值损失		
加:公允价值变动收益(损失以"－"号填列)		
投资收益(损失以"－"号填列)		
其中:对联营企业和合营企业的投资收益		
二、营业利润(亏损以"－"号填列)		
加:营业外收入		
减:营业外支出		
其中:非流动资产处置损失		
三、利润总额(亏损总额以"－"号填列)		
减:所得税费用		
四、净利润(净亏损以"－"号填列)		
五、每股收益		
(一)基本每股收益		
(二)稀释每股收益		

由表 5-4 可以看出,利润表的表首标题列示了报表名称、编制单位、编制日期和货币单位等内容;报表主体主要反映会计主体的本期经营成果和上期经营成果。

> 在我国的利润表中,一般包括营业收入、营业成本、营业税金及附加、管理费用、财务费用、投资收益、公允价值变动损益、资产减值损失、非流动资产处置损益、所得税费用和净利润等项目。

三、利润表的编制方法

(一)"本期金额"的填列方法

"本期金额"栏反映各项目的本期实际发生数额,除"基本每股收益"和"稀释每股收益"项目外,各数字应当按照相关科目的发生额分析填列。在编制中期利润表时,应填列上年同期累计实际发生数额;在编制年度利润表时,应填列上年全年累计实际发生数额,并将"本期金额"栏改成"上期金额"栏。

在编制利润表时,如果上年度利润表的项目名称和内容与本年度利润表不一致,应对上年度利润表项目的名称和数字按本年度的规定调整,填入利润表的"上期金额"栏。

(二)"上期金额"的填列方法

利润表中的"上期金额"栏,应根据上年该期利润表的"本期金额"栏内所列数字填列。

(三)各项目的具体填列方法

① "营业收入"项目,反映企业经营业务所取得的收入总额。本项目应根据"主营业务收入"、"其他业务收入"科目的发生额分析填列。

② "营业成本"项目,反映企业经营业务所发生的实际成本。本项目应根据"主营业务成本"、"其他业务成本"科目的发生额分析填列。

③ "营业税金及附加"项目,反映企业经营活动发生的营业税、消费税、城市维护建设税、资源税、教育费附加等相关税费。本项目应根据"营业税金及附加"科目的发生额分析填列。

④ "销售费用"项目,反映企业销售商品、提供劳务的过程中发生的各种费用。本项目应根据"销售费用"科目的发生额分析填列。

⑤ "管理费用"项目,反映企业为组织和管理企业生产经营所发生的管理费用。本项目应根据"管理费用"科目的发生额分析填列。

⑥ "财务费用"项目,反映企业为筹集生产经营所需资金等而发生的筹资费用。本项目应根据"财务费用"科目的发生额分析填列。

⑦ "资产减值损失"项目,反映企业计提各项资产减值准备所形成的损失。本项目应根据"资产减值损失"科目的发生额分析填列。

⑧ "公允价值变动收益"项目,反映企业交易性金融资产、交易性金融负债,以及采用公允价值模式计量的投资性房地产、衍生工具、套期保值业务等公允价值变动形成的应计入当期损益的利得或损失。本项目应根据"公允价值变动损益"科目分析填列;如为公允价值变动损失,以"-"号填列。

⑨ "投资收益"项目,反映企业以各种方式对外投资所取得的收益。本项目应根据"投资收益"科目的发生额分析填列;如为投资损失,以"-"号填列。

⑩ "营业利润"项目,反映企业实现的营业利润。如为亏损,本项目以"-"号填列。

⑪ "营业外收入"项目和"营业外支出"项目,反映企业发生的与其生产经营无直接关系的各项收入和支出。这两个项目应分别根据"营业外收入"科目和"营业外支出"科目的发生额分析填列。

⑫"利润总额"项目,反映企业实现的利润总额。如利润总额亏损,以"一"号填列。

⑬"所得税费用"项目,反映企业按规定从本期损益中减去的所得税。本项目应根据"所得税费用"科目的发生额分析填列。

⑭"净利润"项目,反映企业实现的净利润。如为亏损,本项目以"一"号填列。

⑮"基本每股收益"项目和"稀释每股收益"项目,对于普通股或潜在普通股已公开交易的企业,以及正处于公开发行普通股或潜在普通股过程中的企业,还应在利润表中分别列示"基本每股收益"和"稀释每股收益",并且在附注中披露相关信息。

四、利润表的编制演练

根据如表 5-5 所示的某公司 2008 年 12 月的各有关账户本期发生额,编制该公司 2008 年 12 月的利润表。

表 5-5　某公司 2008 年 12 月各损益类账户本期发生额　　　　　单位:元

账　户　名　称	本期发生额
主营业务收入	85 000
主营业务成本	35 000
营业税金及附加	2 000
销售费用	10 000
管理费用	22 500
财务费用	6 500
营业外收入	8 000
营业外支出	2 300
所得税费用	5 670

【解析】根据表 5-5 中的资料,对下列项目进行如下计算。

营业利润＝85 000－35 000－2 000－10 000－22 500－6 500＝9 000(元)

利润总额＝9 000＋8 000－2 300＝14 700(元)

净利润＝14 700－5 670＝9 030(元)

计算后编制的利润表如表 5-6 所示。

表 5-6

利润表

会企 02 表

编制单位:某公司　　　　　　　　　　2008 年 12 月　　　　　　　　　单位:元

项　　目	本 期 金 额	上 期 金 额
一、营业收入	85 000	
减:营业成本	35 000	
营业税金及附加	2 000	
销售费用	10 000	
管理费用	22 500	

项　目	本 期 金 额	上 期 金 额
财务费用	6 500	
资产减值损失		
加:公允价值变动收益(损失以"－"号填列)		
投资收益(损失以"－"号填列)		
其中:对联营企业和合营企业的投资收益		
二、营业利润(亏损以"－"号填列)	9 000	
加:营业外收入	8 000	
减:营业外支出	2 300	
其中:非流动资产处置损失		
三、利润总额(亏损总额以"－"号填列)	14 700	
减:所得税费用	5 670	
四、净利润(净亏损以"－"号填列)	9 030	
五、每股收益		
(一)基本每股收益		
(二)稀释每股收益		

知识三　现金流量表

定义

　　现金流量表是反映企业一定会计期间现金和现金等价物流入与流出的报表。

　　现金流量表是会计主体需要编制的"三大"报表之一,它以不同于资产负债表和利润表的角度反映会计主体获得现金和现金等价物的能力,反映会计主体在一定期间的经营活动、投资活动和筹资活动的动态情况。因此,现金流量表是动态报表。

　　在报表中,"现金"是指企业库存现金以及可以随时用于支付的存款,包括库存现金、可以随时用于支付的银行存款和其他货币资金。"现金等价物"是指企业持有的期限短、流动性强、易于转换为已知金额现金、价值变动风险很小的投资。

一、现金流量表的作用

　　现金流量表揭示了企业在一定期间内现金流入与流出的原因及其平衡状况的信息,有助于企业的投资者、债权人、经营管理者等了解、分析、评价企业获取现金和现金等价物的能力，其所发挥的作用如图 5-4 所示。

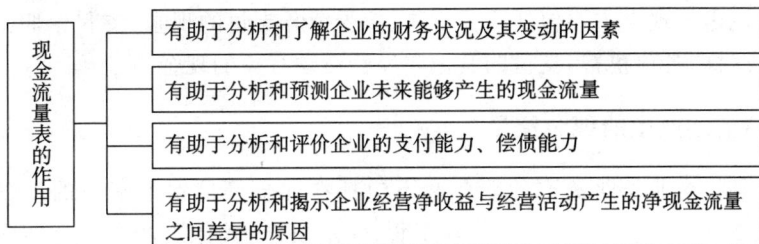

现金流量表的作用	有助于分析和了解企业的财务状况及其变动的因素
	有助于分析和预测企业未来能够产生的现金流量
	有助于分析和评价企业的支付能力、偿债能力
	有助于分析和揭示企业经营净收益与经营活动产生的净现金流量之间差异的原因

图 5-4　现金流量表的作用

二、现金流量表的格式和内容

现金流量表由表首标题、报表主体和补充资料三部分构成。

表首标题列示了报表名称、编制单位、编制时期、货币单位等内容。

报表主体的主要内容包括经营活动产生的现金流量、投资活动产生的现金流量及筹资活动产生的现金流量等。

> 现金流量表的编制基础是现金，报表中的现金包括会计上通常所指的库存现金及可以随时用于支付的存款。

补充资料部分列示了报表主体中不能揭示，但对于理解现金流量情况和企业财务状况有益的信息。

> "现金流量"是指企业现金和现金等价物的流入和流出。企业现金流入主要包括出售商品、提供劳务、出售固定资产及取得贷款等；企业现金流出包括购买材料及固定资产、接受劳务、偿还债务、对外投资等。

（一）经营活动产生的现金流量

经营活动是指企业投资活动和筹资活动以外的所有交易和事项。

1. 经营活动流入的现金

经营活动流入的现金主要包括销售商品或提供劳务收到的现金、收到的税费返还、收到的其他与经营活动有关的现金。

2. 经营活动流出的现金

经营活动流出的现金主要包括购买货物、接受劳务支付的现金,支付给职工以及为职工支付的现金,支付的各项税费,支付的其他与经营活动有关的现金。

(二)投资活动产生的现金流量

投资活动是指企业长期资产的购建和不包括在现金等价物范围内的投资及其处置活动。这里的长期资产是指固定资产、在建工程、无形资产、其他资产等持有期限在一年或一个营业周期以上的资产。在现金流量表中,通过单独反映投资活动产生的现金流量,可以了解企业为获得未来收益和现金流量而导致资源转出的程度,以及以前资源转出带来的现金流入的信息。

1. 投资活动流入的现金

投资活动流入的现金主要包括收回投资所得到的现金,取得投资收益所得到的现金,处置固定资产、无形资产和其他长期资产所收回的现金净额,处置子公司及其他营业单位收到的现金净额,收到的其他与投资活动有关的现金。

2. 投资活动流出的现金

投资活动流出的现金主要包括购建固定资产、无形资产和其他长期资产所支付的现金,投资所支付的现金,取得子公司及其他营业单位所支付的现金净额,支付的其他与投资活动有关的现金。

(三)筹资活动产生的现金流量

筹资活动是指导致企业资本及债务规模和构成发生变化的活动。现金流量表需要单独反映筹资活动产生的现金流量,通过现金流量表中反映的筹资活动的现金流量,可以帮助投资者和债权人预计对企业未来现金流量的要求权,以及获得前期现金流入而付出的代价。

1. 筹资活动流入的现金

筹资活动流入的现金主要包括吸收投资所收到的现金、取得借款所收到的现金、收到的其他与筹资活动有关的现金。

2. 筹资活动流出的现金

筹资活动流出的现金主要包括偿还债务所支付的现金,分配股利、利润或偿还利息所支付的现金,支付的其他与筹资活动有关的现金。

(四)汇率变动对现金的影响和现金流量方面的补充资料

补充资料主要列示汇率变动对现金的影响,不涉及现金收支的投资和筹资活动,将净利润调整为经营活动的现金流量,现金及现金等价物净增加额等。

现金流量表的格式如表5-7所示。

表 5-7

现金流量表

会企 03 表

编制单位：　　　　　　　　　　年　月　　　　　　　　　　　　单位：元

项　目	本 期 金 额	上 期 金 额
一、经营活动产生的现金流量		
销售商品、提供劳务收到的现金		
收到的税费返还		
收到的其他与经营活动有关的现金		
经营活动现金流入小计		
购买商品、接受劳务支付的现金		
支付给职工以及为职工支付的现金		
支付的各项税费		
支付的其他与经营活动有关的现金		
经营活动现金流出小计		
经营活动产生的现金流量净额		
二、投资活动产生的现金流量		
收回投资收到的现金		
取得投资收益收到的现金		
处置固定资产、无形资产和其他长期资产收回的现金净额		
处置子公司及其他营业单位收到的现金净额		
收到的其他与投资活动有关的现金		
投资活动现金流入小计		
购建固定资产、无形资产和其他长期资产支付的现金		
投资所支付的现金		
取得子公司及其他营业单位支付的现金净额		
支付的其他与投资活动有关的现金		
投资活动现金流出小计		
投资活动产生的现金流量净额		
三、筹资活动产生的现金流量		
吸收投资收到的现金		
取得借款收到的现金		
收到的其他与筹资活动有关的现金		
筹资活动现金流入小计		
偿还债务支付的现金		
分配股利、利润或偿付利息支付的现金		
支付的其他与筹资活动有关的现金		
筹资活动现金流出小计		
筹资活动产生的现金流量净额		
四、汇率变动对现金及现金等价物的影响		
五、现金及现金等价物净增加额		
加：期初现金及现金等价物余额		
六、期末现金及现金等价物余额		

三、现金流量表的编制方法

编制现金流量表时,列报经营活动现金流量的方法有两种:一是直接法;二是间接法。我国企业应采用直接法报告企业经营活动的现金流量。

直接法是以本期营业收入为起算点,调整与经营活动有关的流动资产与流动负债的增减变动,列示销售收入及其他收入的收现数、销售成本与其他费用的付现数,以现金收支表达各项经营活动的现金流量。具体地说,采用直接法编制现金流量表时,应以利润表中各主要收支项目为基础,并对实际的现金收入和现金支出进行调整,结出现金流入量与现金流出量及其净流量。

采用直接法报告经营活动的现金流量时,企业有关现金流量的信息可从会计记录中直接获得,也可以在利润表中的营业收入、营业成本等数据的基础上,通过调整存货和经营性应收应付项目的变动,以及固定资产折旧、无形资产摊销等项目后获得。现金流量表中各项目的内容及填列方法如下。

(一)经营活动产生的现金流量中各项目的填列方法

1."销售商品、提供劳务收到的现金"项目

该项目反映企业本期销售商品、提供劳务实际收到的现金,以及前期销售商品、前期提供劳务本期收到的现金(包括销售收入和应向购买者收取的增值税额)和本期预收的账款,减去本期销售本期退回商品和前期销售本期退回商品支付的现金。企业销售材料和代购代销业务收到的现金,也在本项目中反映。本项目可以根据"库存现金"、"银行存款"、"应收账款"、"应收票据"、"预收账款"、"主营业务收入"、"其他业务收入"等科目的记录分析填列。

2."收到的税费返还"项目

该项目反映企业收到返还的各种税费,如收到的增值税、消费税、营业税、所得税、教育费附加等的返还。本项目可以根据"库存现金"、"银行存款"、"营业税金及附加"、"补贴收入"、"应收补贴款"等科目的记录分析填列。

3."收到的其他与经营活动有关的现金"项目

该项目反映企业除了上述各项外,收到的其他与经营活动有关的现金流入,如罚款收入、流动资产损失中由个人赔偿的现金收入等;其他现金流入如价值较大的,应单列项目反映。本项目可以根据"库存现金"、"银行存款"、"营业外收入"等科目的记录分析填列。

4."购买商品、接受劳务支付的现金"项目

该项目反映企业购买材料和商品、接受劳务实际支付的现金,包括本期购入材料、商品、接受劳务支付的现金(包括增值税进项税额),以及本期支付前期购入商品、接受劳务的未付款项和本期预付款项。本期发生的购货退回收到的现金应从本项目内减去。本项目可以根据"库存现金"、"银行存款"、"应付账款"、"应付票据"、"主营业务成本"等科目的记录分析填列。

5."支付给职工以及为职工支付的现金"项目

该项目反映企业实际支付给职工,以及为职工支付的现金,包括本期实际支付给职工的工资、奖金、各种津贴和补贴等，以及为职工支付的其他费用，不包括支付给离退休人员的各项费用和支付给在建工程人员的工资等。

企业支付给离退休人员的各项费用，包括支付的统筹退休金以及未参加统筹的退休人员的费用，在"支付的其他与经营活动有关的现金"项目中反映；支付给在建工程人员的工资，在"购建固定资产、无形资产和其他长期资产支付的现金"项目中反映。本项目可以根据"应付工资"、"库存现金"、"银行存款"等科目的记录分析填列。

企业为职工支付的养老和失业等社会保险基金、补充养老保险、住房公积金、住房困难补助及其他福利费用等，应按职工的工作性质和服务对象，分别在本项目和"购建固定资产、无形资产和其他长期资产支付的现金"项目中反映。

6."支付的各项税费"项目

该项目反映企业按规定支付的各种税费，包括本期发生并支付的税费，以及本期支付以前各期发生的税费和预交的税金，如支付的教育费附加、矿产资源补偿费、印花税、房产税、土地增值税、车船使用税、预交的营业税等，不包括计入固定资产价值、实际支付的耕地占用税等，也不包括本期退回的增值税、所得税。

本期退回的增值税、所得税在"收到的税费返还"项目中反映。本项目可以根据"应交税费"、"库存现金"、"银行存款"等科目的记录分析填列。

7."支付的其他与经营活动有关的现金"项目

该项目反映企业除上述各项目外，支付的其他与经营活动有关的现金流出，如罚款支出、支付的差旅费、业务招待费现金支出、支付的保险费等；其他现金流出如价值较大的，应单列项目反映。本项目可以根据有关科目的记录分析填列。

(二) 投资活动产生的现金流量中各项目的填列方法

1."收回投资收到的现金"项目

该项目反映企业出售、转让或到期收回除现金等价物以外的短期投资、长期股权投资而收到的现金，以及收回长期债权投资本金而收到的现金，不包括长期债权投资收回的利息及收回的非现金资产。本项目可以根据"短期投资"、"长期股权投资"、"库存现金"、"银行存款"等科目的记录分析填列。

2."取得投资收益收到的现金"项目

该项目反映企业因股权性投资和债权性投资而取得的现金股利、利息，以及从子公司、联营企业和合营企业分得利润收到的现金，不包括股票股利。本项目可以根据"库存现金"、"银行存款"、"投资收益"等科目的记录分析填列。

3."处置固定资产、无形资产和其他长期资产收回的现金净额"项目

该项目反映企业处置固定资产、无形资产和其他长期资产所取得的现金，减去为处置这些资产而支付的有关费用后的净额；由于自然灾害所造成的固定资产等长期资产损失而收到的保险赔偿收入，也在本项目中反映。本项目可以根据"固定资产清理"、"库存现金"、"银行存款"等科目的记录分析填列。

4."收到的其他与投资活动有关的现金"项目

该项目反映企业除了上述各项以外，收到的其他与投资活动有关的现金流入，其他现金流入如价值较大的,应单列项目反映。本项目可以根据有关科目的记录分析填列。

5. "购建固定资产、无形资产和其他长期资产支付的现金"项目

该项目反映企业购买、建造固定资产,取得无形资产和其他长期资产所支付的现金,不包括为购建固定资产而发生的借款利息资本化的部分及融资租入固定资产支付的租赁费。借款利息和融资租入固定资产支付的租赁费,在筹资活动产生的现金流量中反映。本项目可以根据"固定资产"、"在建工程"、"无形资产"、"库存现金"、"银行存款"等科目的记录分析填列。

6. "投资所支付的现金"项目

该项目反映企业进行权益性投资和债权性投资支付的现金,包括企业取得的除现金等价物以外的短期股票投资、短期债券投资、长期股权投资、长期债权投资支付的现金,以及支付的佣金、手续费等附加费用。本项目可以根据"长期股权投资"、"长期债权投资"、"短期投资"、"库存现金"、"银行存款"等科目的记录分析填列。

企业购买股票和债券时,实际支付的价款中包含的已宣告而尚未领取的现金股利或已到付息期但尚未领取的债券利息,应在"支付的其他与投资活动有关的现金"项目中反映;收回购买股票和债券时支付的已宣告而尚未领取的现金股利或已到付息期但尚未领取的债券的利息,应在"收到的其他与投资活动有关的现金"项目中反映。

7. "支付的其他与投资活动有关的现金"项目

该项目反映企业除了上述各项以外,支付的其他与投资活动有关的现金流出;其他现金流出如价值较大的,应单列项目反映。本项目可以根据有关科目的记录分析填列。

(三) 筹资活动产生的现金流量中各项目的填列方法

1. "吸收投资收到的现金"项目

该项目反映企业收到的投资者投入的现金,包括以发行股票、债券方式筹集资金的实际收到款项净额(发行收入减去支付的佣金等发行费用后的净额);以发行股票、债券方式筹集资金而由企业直接支付的审计、咨询等费用,在"支付的其他与筹资活动有关的现金"项目中反映,不从本项目中减去。本项目可以根据"实收资本(或股本)"、"库存现金"、"银行存款"等科目的记录分析填列。

2. "取得借款收到的现金"项目

该项目反映企业举借各种短期、长期借款所收到的现金。本项目可以根据"短期借款"、"长期借款"、"库存现金"、"银行存款"等科目的记录分析填列。

3. "收到的其他与筹资活动有关的现金"项目

该项目反映企业除上述各项目外,收到的其他与筹资活动有关的现金流入,如接受现金捐赠等;其他现金流入如价值较大的,应单列项目反映。本项目可以根据有关科目的记录分析填列。

4. "偿还债务支付的现金"项目

该项目反映企业以现金偿还债务的本金,包括偿还金融企业的借款本金、偿还债券本金等;企业偿还的借款利息、债券利息,在"分配股利、利润或偿付利息支付的现金"项目中反映,不包括在本项目中。本项目可以根据"短期借款"、"长期借款"、"库存现金"、"银行存款"等科目的记录分析填列。

5. "分配股利、利润或偿付利息支付的现金"项目

该项目反映企业实际支付的现金股利,支付给其他投资单位的利润以及支付的借款利息、债券利息等。本项目可以根据"应付股利"、"财务费用"、"长期借款"、"库存现金"、"银行存款"等科目的记录分析填列。

6. "支付的其他与筹资活动有关的现金"项目

该项目反映企业除了上述各项目外,支付的其他与筹资活动有关的现金流出,如捐赠现金支出、融资租入固定资产支付的租赁费等;其他现金流出如价值较大的,应单列项目反映。本项目可以根据有关科目的记录分析填列。

(四)"汇率变动对现金及现金等价物的影响"项目

汇率变动对现金的影响额反映企业外币现金流量及境外子公司的现金流量折算为人民币时,采用现金流量发生日的汇率或平均汇率折算的人民币金额与"现金及现金等价物净增加额"中外币现金净增加额按期末汇率折算的人民币金额之间的差额。

(五)"现金及现金等价物净增加额"项目

此项目为现金及现金等价物的流入金额减去现金及现金等价物的流出金额。

(六)"期末现金及现金等价物余额"项目

此项目为现金及现金等价物的净增加额与期初现金及现金等价物的余额之和。

同步训练

训练一 熟悉财务报表编制的相关内容

【训练要求】选出以下各题中一个或多个正确选项,并将正确选项的序号填在括号内。

1. 下列会计报表中,反映企业在某一特定日期财务状况的是(　　)。
   A. 现金流量表　　　　　　　　　　　B. 利润表
   C. 资产负债表　　　　　　　　　　　D. 利润分配表

2. 目前我国统一采用的资产负债表格式是(　　)。
   A. 报告式　　　　B. 账户式　　　　C. 多步式　　　　D. 单式

3. 我国企业利润表的格式为(　　)。
   A. 账户式　　　　B. 报告式　　　　C. 单步式　　　　D. 多步式

4. 利润表的主要项目不包括(　　)。
   A. 营业利润　　　B. 利润总额　　　C. 流动资产　　　D. 净利润

5. 在编制资产负债表时,可以根据总账科目余额直接填列的项目是(　　)。
   A. 货币资金　　　　　　　　　　　　B. 应收账款

C. 短期借款   D. 未分配利润

6. 资产负债表中资产项目的排列顺序是(   )。

   A. 资产的收益性   B. 资产的重要性

   C. 资产的流动性   D. 资产的时间性

7. 利润表中,从利润总额中减去(   ),得出净利润。

   A. 应交所得税   B. 利润分配数

   C. 营业费用   D. 所得税费用

8. 下列会计报表中,属于静态报表的是(   )。

   A. 利润表   B. 利润分配表

   C. 现金流量表   D. 资产负债表

9. 在资产负债表的项目中,其金额是根据明细账户余额直接填列的是(   )。

   A. 货币资金   B. 应收账款   C. 短期借款   D. 固定资产

10. 在资产负债表的项目中,其金额是根据总账账户余额计算填列的是(   )。

    A. 货币资金   B. 应收账款   C. 短期借款   D. 应付账款

11. 一套完整的财务报表应包括(   )。

    A. 资产负债表   B. 利润表

    C. 现金流量表   D. 会计科目表

12. 资产负债表的作用包括(   )。

    A. 表明会计主体拥有和控制的经济资源

    B. 表明所有者权益的构成情况

    C. 提供会计主体财务分析的基本资料

    D. 提供投资者的财务信息

13. 现金流量表中的"现金"包括(   )。

    A. 现金   B. 库存现金

    C. 银行存款   D. 其他货币资金

14. 资产负债表中的"货币资金"项目应根据(   )科目的期末余额合计填列。

    A. 库存现金   B. 银行存款

    C. 其他货币资金   D. 交易性金融资产

15. 我国企业的利润表采用多步式,分步计算的利润指标有(   )。

    A. 营业利润   B. 未分配利润   C. 利润总额   D. 净利润

16. 在下列各项中,属于资产负债表中所有者权益类的有(   )。

    A. 实收资本   B. 资本公积

    C. 盈余公积   D. 未分配利润

17. 利润表定义中强调的"一定期间"是指该期间的(   )。

    A. 第一天   B. 任意一天   C. 最后一天   D. 全过程

18. 资产负债表中的"应付账款"项目应根据(   )科目所属各明细科目的期末贷方余额合计填列。

    A. 应收账款   B. 预付账款   C. 应付账款   D. 预收账款

19. 在营业利润的基础上,加或减(   )得出利润总额。

A. 营业外收入　　　B. 管理费用　　　C. 营业外支出　　　D. 投资收益

20. 资产负债表中的"存货"项目应根据(　　)科目的期末余额合计填列。

A. 材料采购　　　B. 原材料　　　C. 固定资产　　　D. 生产成本

训练二　练习资产负债表中相关项目的计算

【训练要求】根据表 5-8 中给定的资料,计算资产负债表中"货币资金"、"存货"、"预付账款"、"固定资产"、"应付账款"、"应收账款"项目填列的数据。

表 5-8　计算资产负债表相关数据的总账账户及明细账户的余额资料

总账账户	明细账户	账户余额方向	账户余额/元
库存现金		借	2 000
银行存款		借	120 000
原材料		借	43 500
包装物		借	8 900
低值易耗品		借	1 230
库存商品		借	98 000
预付账款		借	10 000
	甲	借	11 000
	乙	贷	1 000
固定资产		借	200 000
累计折旧		贷	7 500
应付账款		贷	3 500
	丙	贷	5 000
	丁	借	1 500
应收账款		借	3 700
预收账款		贷	51 000
	A	贷	43 000
	B	借	2 000

训练三　练习利润表中相关项目的计算

【训练要求】根据表 5-9 中给定的资料,计算利润表中"营业收入"、"营业成本"、"营业利润"、"利润总额"、"净利润"项目填列的数据。

表 5-9　计算利润表相关数据的总账账户的本期发生额资料

总账账户	账户发生额方向	本期发生额/元
主营业务收入	贷	122 000
主营业务成本	借	20 000
营业税金及附加	借	4 350
管理费用	借	7 500
销售费用	借	12 300
财务费用	借	8 000

续表

总 账 账 户	账户发生额方向	本期发生额/元
其他业务收入	贷	10 000
其他业务成本	借	4 000
营业外收入	贷	10 000
营业外支出	借	2 000
所得税费用	借	7 500

任务二

分析财务报表

定义

财务报表分析就是在企业财务会计报表所披露信息的基础上,利用特定的分析方法,结合其他信息来源,对企业当前的经济状况做出综合评价,对未来企业发展趋势做出预测,发挥会计信息应有的作用。

财务报表是反映企业财务状况和经营成果的书面文件。

财务报表分析是以企业财务报表反映的财务指标为主要依据,对企业的财务状况、经营成果和现金流量进行评价和剖析,客观地反映企业在运营过程中的财务状况及预测未来的发展趋势。

财务报表分析是指对资产负债表、利润表、现金流量表和这三张报表的附表及会计报表附注与财务状况进行分析。

① 财务报表分析为企业优化经营决策和改进企业管理工作提供重要的财务信息和判断标准。

② 财务报表分析是对已完成的财务活动的总结,又是企业对下一期财务活动进行财务预算的前提,在财务管理中起着承上启下的作用。

③ 财务报表分析是企业实施合理投资决策的重要步骤,成为企业实现利润最大化,帮助企业实现理财目标的重要手段。

④ 掌握财务报表分析对企业财务管理有着重要的意义。

学习引导

知识一 财务报表分析概述

定义

财务报表分析是以企业的财务活动为对象、以财务报表为主要的信息来源,通过一系列分析方法系统了解认识企业的过程。

一、财务报表分析的主体

受财务报表分析主体和财务报表分析服务对象的制约,不同的财务报表分析主体进行财务报表分析的目的是不同的,不同的财务报表分析服务对象所关心的问题也是不同的。

(一)投资者

投资者是指公司的权益投资人,即普通股东。公司对权益投资人没有偿还的承诺。普通股东投资于公司的目的是扩大自己的财富。他们的财富,表现为所有者权益的价格,即股价。影响股价的因素很多,都是他们所关心的,包括偿债能力、收益能力以及风险等。

按照《公司法》的规定,普通股东是剩余权益的所有者,公司偿付各种负债之后的一切收益都属于普通股东。正因为如此,公司要由普通股东或其代理人来管理和控制。与此同时,普通股东也是公司风险的最后承担者。在正常营业过程中,必须支付债权人的利息和优先股利之后,才能分派普通股利。一旦公司清算,其资产必须先用于清偿负债及优先股东的权益,剩余资产才能分配给普通股东。他们不但要承担公司的一切风险,而且是优先股东和债权人的屏障。

权益投资人的主要决策包括:是否投资于某公司及是否转让已经持有的股权,考察经营者业绩以决定更换或不更换主要的管理者,以及决定股利分配政策。由于普通股东的权益是剩余权益,因此他们对财务报表分析的重视程度会超过其他利益关系人。权益投资人进行财务报表分析,是为了在竞争性的投资机会中做出选择。

投资者最关注的是投资的内在风险和投资报酬。为此,要依据企业编制的财务会计报告,着重分析有关企业的盈利能力、资本结构和利润分配政策等方面的情况。

(二)政府机构

政府机构也是公司财务报表的使用人,包括税务部门、国有企业的管理部门、证券管理机构、会计监管机构和社会保障部门等。它们使用财务报表是为了履行自己的监督管理职责。我国的政府机构既是财务报表编制规范的制订者,也是会计信息的使用者。

通过财务报表分析,税务部门可以审查企业纳税申报数据的合理性,国有企业管理部门可以评价政府政策的合理性和国有企业的业绩,证券管理机构可以评价上市公司遵守政府法规和市场秩序的情况,财政部门可以审查企业遵守会计法规和财务报表制订规范的情况,社会保障部门可以评价职工的收入和就业状况。因此,政府及相关管理机构最关注的是国家资源的分配和运用情况,需要向企业了解与经济政策(如税收政策)的制订、国民收入的统计等有关方面的信息。为此,依据企业财务会计报告,应当着重分析有关企业的资源及其运用、分配方面的情况,为国家的宏观决策提供必要的信息。

(三) 企业管理人员

企业管理人员是指被企业所有者聘用的、对公司资产和负债进行管理的管理人员。管理人员主要关心公司的财务状况、盈利能力和持续发展的能力。他们管理公司,随时要根据变化的情况调整公司的经营,而财务分析是他们监控公司运营的有力工具之一。他们可以根据需要随时获取各种会计信息和其他数据,因而能全面地、连续地进行财务分析。管理人员可以获取外部使用人无法得到的内部信息。同时,由于管理人员是被企业所有者聘用,因而存在被解雇和收购威胁,管理人员需要通过财务报表分析,发现有价值的线索,设法改善业绩,使得财务报表能让投资人和债权人满意。他们分析报表的主要目的是改善报表。

企业管理人员的财务分析属于内部分析,他们可以获得财务报告之外的公司内部的各种信息。其他人员的分析属于外部分析。企业管理人员最关注的是企业财务状况的好坏、经营业绩的大小以及现金的流动情况。为此,依据企业财务会计报告,应当着重分析有关企业某一特定日期的资产、负债与所有者权益情况,以及某一特定经营期间经营业绩与现金流量方面的信息,并做出合理的评价,从而起到强化生产经营管理和提高企业经济效益的作用。

(四) 债权人

债权人是指借款给企业并得到企业还款承诺的人。债权人期望在一定时间里获得企业偿还的本金和利息,自然关心企业是否具有偿还债务的能力。

债权人提供融资服务的主要形式是贷款,包括短期贷款和长期贷款。企业也可以通过证券市场公开发行债券以获得长期借款,但目前在我国发行公司债券受到严格限制,并非经常可以采用。此外,还有融资租赁等筹资方式。债权人分为短期债权人和长期债权人。

短期债权人提供授信期不超过一年的信用,如银行短期贷款、商业信用、短期债券等。长期债权人提供授信期在一年以上的信用,如银行长期贷款、长期债券、融资租赁等。

短期债权人主要关心企业当前的财务状况,如流动资产的流动性和周转率。他们希望企业的实物资产能顺利地转换为现金,以便偿还到期债务。

长期债权人主要关心长期收益能力和资本结构。企业的长期收益能力是其偿还本金和利息的决定性因素,资本结构可以反映长期债务的风险。

无论短期或长期信用,其共同特点是在特定的时间企业需要支付特定数额的现金给债权人。偿付的金额和时间,不因企业经营业绩好或不好而改变。但是,一旦企业运营不佳或发生意外,陷入财务危机,债权人的利益就受到威胁。

　　因此，债权人必须事先审慎分析企业的财务报表，并且对企业进行持续性的关注。债权人的主要决策是决定是否给企业提供信用，以及是否需要提前收回债权。债权人要在财务报表中寻找借款企业有能力定期支付利息和到期偿还贷款本金的证明。债权人最关注的是其提供给企业的资金是否安全，自己的债权和利息是否能够按期如数收回。为此，应依据企业财务会计报告，着重分析有关企业偿债能力的状况，以便做出理性的贷款决策。

（五）企业职工

　　企业职工最关注的是企业为其提供的就业机会及其稳定性、劳动报酬高低和职工福利好坏等方面的情况，而上述情况又与企业的债务结构及其盈利能力密切相关。因此，依据企业财务会计报告，除了需要分析以上信息外，还需关注和评价有关职工福利等方面的情况。例如，按照《企业财务会计报告条例》的规定，国有企业、国有控股的或者占主导地位的企业，应当至少每年一次向本企业的职工代表大会公布财务会计报告。

（六）业务关联企业

　　业务关联企业向企业提供商品或服务，为了扩大销售，它们允许企业在一个合理的期限内延期付款。这个时间期限，根据行业惯例确定，大多数的行业惯例都是短期的，通常是30～60天。为了尽早收回款项，偶尔也提供现金折扣，不过在我国并不多见。如果延期付款，业务关联企业经常得不到延期的利息。业务关联企业的利润直接来自销售的毛利，而不是借款的利息，因此它们只关心企业是否有到期支付贷款的现金，而不重视企业是否盈利。

　　业务关联企业最关注的是企业的信用状况。企业从事生产经营活动，必然与其他企业发生业务联系，这些企业出于保护自身利益的需要，也关心往来企业的财务状况和经营状况。所以，它们也要对财务报表进行分析。关联交易企业本身都是自负盈亏的市场竞争主体，对于业务关联双方来说，没有比信用更为重要的了。

　　信用包括商业上和财务上的信用，前者是指企业按时、按质完成各种交易行为，后者是指企业及时清算各种款项。通过财务报表分析，可以判断企业的支付能力和债务清偿情况，可以判明企业完成各类交易的好坏，并据以分析其形成的原因，评估企业的财务信用状况，从而追溯企业商业上的信用情况。

（七）社会公众（包括企业潜在的投资者或债权人）

　　社会公众最关注企业的兴衰及其发展情况。为此，依据企业财务会计报告，应当着重分析有关企业目前及其未来发展等有关方面的资料。另外，企业的竞争对手也会千方百计地利用财务报表所提供的信息进行有针对性的生产经营决策。

　　　　现代企业多元化产权主体的行为受各自利益的支配，往往存在各种各样的冲突，这种利益冲突也体现在财务报表上。

二、财务报表分析的对象

财务报表分析的对象是企业的基本活动,包括筹资活动、投资活动和经营活动。

由于企业的目标是为股东增加财富。为扩大股东财富,企业必须在市场上进行经营活动;经营活动以资产为物质条件,为取得经营所需资产必须进行投资活动;投资活动需要使用资金,为取得投资所需资金必须进行筹资活动。因此,任何企业都必然要从事经营、投资和筹资三项基本活动,其他活动都是为这三项基本活动服务的,或者说是这三项基本活动的从属部分。

(一) 筹资活动

具体来说,筹资活动是筹集企业投资和经营所需要的资金,包括发行股票和债券、取得借款,以及利用内部积累资金等。企业在筹集资金时需要考虑下述问题:需要筹集的资金数额,筹资的来源(所有者还是债权人),偿还期以及筹资契约的主要条款等。

企业筹集资金的潜在来源是资本市场,筹资决策与资本市场的状况有密切关系,要根据市场状况和资金需要进行筹资决策。筹资决策的关键是选择适宜的资本结构。筹资决策关系到企业的风险和成长能力,决定了企业决策受外部力量牵制的程度。

(二) 投资活动

具体来说,投资活动是指将所筹集到的资金分配于资产项目。企业在投资时需要考虑下述问题:投资项目有什么技术或经营的创新,需要多少资金,使用资金的时间和地点等。资产代表企业提供产品或服务的能力,目的是将来运用这些能力赚取收益。资产的效益在将来才能实现,而未来效益不能确知,所以投资必然包含风险。因此,投资决策的关键是报酬和风险的衡量。

投资是企业基本活动中最重要的部分。筹资的目的是投资,应根据投资需要来筹资,甚至可以把筹资看成是投资活动的"前置"部分。经营活动是投资所形成的生产经营能力的运用,投资决定了经营活动的规模、类型和具体方式,可以把经营活动看成是投资活动的"延续"部分。

因此,投资活动决定了企业持有资产的总量及其构成,影响企业的生产经营能力、组织结构、成长能力和经营风险,并制约筹资活动和经营活动。

(三) 经营活动

具体来说,经营活动是在必要的筹资和投资前提下,运用资产赚取收益的活动。它至少包括研究与开发、采购、生产、销售和人力资源管理五项活动。经营活动的关键是使上述五项活动适当组合,使之适合企业的类型和市场定位。

企业的类型是指提供产品或服务的具体特征。不同的企业类型需要不同的资产,而企业拥有的资产是投资决策的结果。经营活动要与企业的类型配合。

企业的市场定位是指选择供应商市场、技术市场、劳动力市场和消费市场,要确定最具效率和效益的市场定位组合,并且应与其拥有的资产相配合,以使企业取得竞争优势。

経営活动是企业收益的主要来源。收益计量了企业作为一个整体,在与市场进行交换时投入与产出的业绩。投资和筹资的效果,最终也要通过经营收益体现。因此,经营活动的分析是财务分析最重要的领域之一。

三、财务报表分析的意义

财务报表分析是在阅读财务报表的基础上,通过比较、分类、类比、归纳、演绎、分析及综合认识等一系列中间过程,最终对财务报表做出评价和提出问题。因此,财务报表分析的过程也可以说是分析与综合的统一。

由于不同的分析人士有不同的分析目的,他们所要完成的判断也有区别。

财务报表分析是指分析人对企业做出某些判断。这些判断可以概括为:了解企业过去的业绩、评价企业现在的状况,以及预测企业未来的发展。

(一)外部分析人士

外部分析人士所要完成的判断,主要是对企业的某种能力做出评价,如对收益能力的评价等。外部分析人士主要是投资人和债权人。

1. 投资人

投资人的主要决策是对一个企业投资或者不投资。如果企业能够获得满意的利润,则投资人就会购买或继续持有企业的股份,并继续聘用经营者;如果企业不能获得满意的利润,则会使投资者不满意,投资者也就会出售股份或更换经营者。因此,投资人需要对企业的盈利能力和经营风险做出评价。

2. 债权人

债权人的主要决策是提供或不提供贷款和商业信用。如果企业偿债能力比较强就可以提供信用或贷款,如果企业偿债能力差就拒绝提供信用或贷款,因此债权人需要对企业的偿债能力做出评价。

(二)内部分析人士

内部分析人士所要完成的判断,主要是找出经营管理中存在的问题以及解决问题的途径。

内部分析人士是企业的经营者，他们是为投资人（即股东）服务的，因此要关心股东对企业的评价。如果他们不能令股东满意，就有可能丢掉现在的职位。但是，经营者对财务报表的分析与外部股东有所区别。经营者不仅关心股东会如何根据财务报表评价企业的业绩，而且更关心如何改善经营管理，形成更好的财务报表，以获得更好的评价。因此，经营者的财务报表分析不仅是对企业做出评价，而且要判断经营管理中存在的问题以及解决问题的途径。

知识二　财务报表分析的指标

　　财务报表分析的内容非常广泛，一般来说，可以从下述几个方面来对企业的财务报表进行分析：企业的偿债能力、企业的现金能力、企业的营运能力、企业的成长能力、企业的盈利能力。

一、偿债能力分析

企业偿债能力是指企业偿还到期债务（包括本金和利息）的能力。偿债能力分析包括短期偿债能力分析和长期偿债能力分析。

（一）短期偿债能力分析

短期偿债能力是指企业流动资产对流动负债及时偿还的保证程度，是衡量企业承担经常性财务负担（即偿还流动负债）的能力，特别是流动资产变现能力的重要标志。流动负债是指自资产负债表编制之日起一年内偿还的债务，而用于偿还这些债务的基本来源是流动资产。

企业若有足够的现金流量，就不会造成债务违约，可避免陷入财务困境。

短期偿债能力的衡量指标主要有流动比率、速动比率和现金流动负债率。

1. 流动比率

流动比率是指流动资产与流动负债的比率。流动比率表明企业每1元流动负债有多少流动资产作为偿还的保证，反映企业可在短期内转变为现金的流动资产偿还到期流动负债的能力。其计算公式为：

$$流动比率 = \frac{流动资产}{流动负债} \times 100\%$$

企业能否偿还短期债务，要看有多少短期债务，以及有多少可偿债的流动资产。流动资产越多，短期债务越少，则偿债能力越强。如果用流动资产偿还全部流动负债，企业剩余的则是营运资金。

$$营运资金＝流动资产－流动负债$$

营运资金越多,说明不能偿还短期债务的风险越小。因此,营运资金可以决定短期债务的能力。

一般情况下,流动比率越高,反映企业短期偿债能力越强,债权人的权益越有保证。一般流动比率为2∶1比较适宜。该比例表明企业财务状况稳定可靠,除了能满足日常生产经营的流动资金需要外,还有足够的财务偿付到期短期债务。如果流动比率的比例过高,则表明企业流动资产占用较多,会影响资金的使用效率和企业的筹资成本,进而影响获利能力;而比例过低则表明该企业难以如期偿还债务。

流动比率也有一定的局限性,流动比率容易掩盖流动资产与流动负债的内容结构性矛盾。流动比率高,一方面,流动资产的变现时间结构与流动负债的偿还时间结构很难做到一致,即使流动比率较高,有时也难以满足偿付流动负债的需要;另一方面,可能是存货积压或滞销的结果,也可能是应收账款大量挂账和"三角债"的结果,甚至还可能是拥有过多的现金而未很好地加以利用的缘故。

下面以光明公司为例,计算其各项财务指标。该公司的资产负债表、利润表和利润分配表如表5-10~表5-12所示。

表 5-10

资产负债表

会企 01 表

编制单位:光明公司　　　　　　　　　2011 年 12 月 31 日　　　　　　　　　单位:万元

资　　　产	期末余额	期初余额	负债和所有者权益(或股东权益)	期末余额	期初余额
流动资产:			流动负债:		
货币资金	50	25	短期借款	60	45
交易性金融资产	6	12	交易性金融负债		
应收票据	8	11	应付票据	5	4
应收账款	400	200	应付账款	100	100
减:坏账准备	2	1			
预付账款	22	4	预收账款	10	4
应收利息			应付职工薪酬	14	17
应收股利			应交税费	5	4
其他应收款	12	22	应付利息	7	1
存货	119	326	应付股利	28	10
一年内到期的非流动资产	45	0	其他应付款	7	12
其他流动资产	40	11	一年内到期的非流动负债	50	0
流动资产合计	700	610	其他流动负债	5	9
非流动资产:			流动负债合计	300	220
可供出售金融资产			非流动负债:		
持有至到期投资	8	10	长期借款	450	245
长期应收款			应付债券	240	260
长期股权投资	30	45	长期应付款	50	60
投资性房地产			专项应付款		
固定资产	1 238	955	预计负债	20	15

续表

资　　产	期末余额	期初余额	负债和所有者权益(或股东权益)	期末余额	期初余额
在建工程	10	25	递延所得税负债		
工程物资			其他非流动负债		
固定资产清理	0	12	非流动负债合计	760	580
生产性生物资产	6	8	负债合计	1 060	800
油气资产			所有者权益(或股东权益):		
无形资产			实收资本(或股本)	100	100
开发支出			资本公积	16	10
商誉			减:库存股		
长期待摊费用	5	15	盈余公积	74	40
递延所得税资产	3	0	未分配利润	750	730
其他非流动资产			所有者权益 (或股东权益)合计	940	880
非流动资产合计	1 300	1 070			
资产总计	2 000	1 680	负债和所有者权益 (或股东权益)总计	2 000	1 680

表 5-11

利润表

编制单位:光明公司　　　　　　　　　　2011 年度　　　　　　　　　　单位:万元

项　　目	本期金额	上期金额
一、营业收入	2 866	3 020
减:营业成本	2 503	2 644
营业税金及附加	28	28
销售费用	20	22
管理费用	40	46
财务费用	96	110
资产减值损失		
加:公允价值变动收益		
投资收益	24	40
二、营业利润	223	210
加:营业外收入	17	10
减:营业外支出	5	20
三、利润总额	235	200
减:所得税费用	75	64
四、净利润	160	136

表 5-12

利润分配表

编制单位:光明公司　　　　　　　　　　2011 年度　　　　　　　　　　单位:万元

项　　目	本期金额	上期金额
一、净利润	160	136
加:期初未分配利润	700	730

续表

项　　目	本期金额	上期金额
其他转入	−40	−54
二、可供分配的利润	820	812
减:提取盈余公积	40	34
应付利润	50	28
三、未分配利润	730	750

根据表 5-10,光明公司期初、期末的流动资产分别为 610 万元、700 万元,期初、期末的流动负债分别为 220 万元、300 万元,则该公司的流动比率为:

$$期初流动比率=\frac{610}{220}\times100\%\approx277\%$$

$$期末流动比率=\frac{700}{300}\times100\%\approx233\%$$

由上述计算可知,光明公司期初、期末的流动比率均超过一般的公认标准,反映出该企业具有较强的短期偿债能力。

2. 速动比率

速动比率是速动资产与流动负债的比率。它反映每 1 元流动负债有多少速动资产可资抵偿,反映出短期内转变为现金的速动资产偿还到期流动负债的能力。

其计算公式为:

$$速动比率=\frac{速动资产}{流动负债}\times100\%$$

速动资产是指流动资产中能够在短期内变现的资产,包括货币资金、短期投资、应收票据、应收账款、其他应收款等流动资产,而存货、预付账款不计入其中。

存货之所以不计入速动资产,其主要原因是存货在流动资产中变现的能力最差;同时,部分存货可能已损失报废但还没做报废处理,或是部分存货已抵押给某些债权人或是存货估价还存在着与合理市场价的相差悬殊。另外,预付账款也因变现不易而不计入速动资产中。

速动比率是流动比率的补充指标,它进一步揭示了企业支付短期债务的能力。一般认为正常的速动比率为 100%,低于 100% 的速动比率的短期偿债能力通常偏低。但由于行业不同,速动比率会有很大差别。例如,以现金收入为主的零售商店,几乎没有应收账款,其速动比率小于 100% 是很正常的;相反,一些应收账款较多的企业,速动比率可能高于 100%。

根据表 5-10 中的数据,光明公司 2011 年的速动比率为:

$$期初速动比率=\frac{610-326-4}{220}\times100\%\approx127\%$$

$$期末速动比率=\frac{700-119-22}{300}\times100\%\approx186\%$$

通过计算光明公司的速动比率,均超过一般公认的比例标准,且期末较期初有所升高,反映光明公司具有较强的短期偿债能力。

3. 现金流动负债率

现金流动负债率是衡量企业短期偿债能力一个最好的指标,它是企业一定时期的经营

现金流量同流动负债的比率,其计算公式为:

$$现金流动负债率=\frac{年经营现金净流量}{年流动负债}\times100\%$$

其中,年经营现金净流量是指一定时期内,企业经营活动所产生的现金及其等价物的流入量与流出量的差额。

现金流动负债率越高,表明企业经营活动所产生的现金净流量越多,能够保障企业按时偿还到期债务,短期债权人的债务风险越小。但是,如果这个指标很高,也不一定是好事,可能是该企业不善于利用现有的现金资源,没有将货币资金投入经营以赚取更多的利润。

根据表 5-10 中的数据,假定光明公司 2010 年度与 2011 年度的经营现金流量分别为 193.6 万元和 375 万元,则该公司的现金流动负债比率为:

$$2010 年度现金流动负债比率=\frac{193.6}{220}\times100\%\approx88\%$$

$$2011 年度现金流动负债比率=\frac{375}{300}\times100\%\approx125\%$$

通过上述计算,表明光明公司 2010 年度和 2011 年度的现金流动负债比率都比较高,这说明光明公司偿还短期债务的能力较强。

(二) 长期偿债能力分析

通常情况下,企业对债务都具有双重责任,一是偿还债务本金;二是支付债务利息。分析和评价一家企业的长期偿债能力,就是为了确定该企业长期承担和履行这两种责任的能力。与短期偿债能力分析所不同的是,长期偿债能力分析需要特别强调获利能力分析,同时,还必须比较负债数额与企业规模。

长期偿债能力的分析指标主要有资产负债率、产权比率、利息保障倍数。

1. 资产负债率

资产负债率又称负债比率,是企业负债总额与资产总额的比率。它表明企业资产总额中,债权人提供资金所占的比重,以及企业资产对债权人权益的保障程度。其计算公式为:

$$资产负债率=\frac{负债总额}{资产总额}\times100\%$$

其中,负债总额不仅包括长期负债,还包括短期负债。其主要原因是,短期负债作为一个整体,企业总是长期占用着,可以视同长期性资本来源的一部分。资产总额是扣除累计折旧后的净额。

资产负债率用于衡量在企业总资产中有多大的比例是通过举债而筹资的,也即债权人对企业的相对贡献。一般情况下,资产负债率在 40%~70% 之间比较可行。超过 70%,其财务上就具有风险;低于 40%,则明显举债不足。具体分析该指标时,也必须考虑企业的性质、行业特点和历史状况,才能做出正确判断。

根据表 5-10 中的数据,光明公司 2011 年的资产负债率为:

$$期初资产负债率 = \frac{800}{1\,680} \times 100\% \approx 48\%$$

$$期末资产负债率 = \frac{1\,060}{2\,000} \times 100\% = 53\%$$

通过上述计算，表明光明公司 2011 年期初和期末的资产负债率都基本适宜，说明该企业财务状况处于良好的经营状态，经营效益可以，投资比较安全，有一定的清偿能力。

同时，需要注意的是，并非企业的所有资产都可以作为偿债的物质保证，不仅在破产清算的状态下，递延资本等难以作为偿债的保证，即便在企业持续经营期间，这些资产的摊销价值也需要依靠存货等资产的价值才能得以补偿和收回，其本身并无直接的变现能力，相反还要对其他资产的变现能力产生反方向影响。至于商誉和无形资产中的商标、专利、非专利技术能否用于偿债，也存在极大的不确定性。

2. 产权比率

产权比率也称资本负债率，是指负债总额与所有者权益的比率，是企业财务结构稳健与否的重要标志。它反映企业所有者权益对债权人权益的保障程度。其计算公式为：

$$产权比率 = \frac{负债总额}{所有者权益} \times 100\%$$

其中，对股份制企业而言，所有者权益就是股东权益。

产权比率反映由债权人提供的资本与所有者提供的资本的相对关系，反映企业的基本财务结构是否稳定，同时，也表明债权人投入的资本受到所有者权益保障的程度。

通常情况下，产权比率越低，表明企业长期偿债能力越强，债权人权益的保障程度越高，承担的风险越小，但企业不能充分地发挥负债的财务杠杆效应。所以企业在评价产权比率适度与否时，应从提高获利能力与增强偿债能力两个方面综合进行。在保障债务安全的前提下，尽可能提高产权比率。

根据表 5-10 中的数据，光明公司 2011 年的产权比率为：

$$期初产权比率 = \frac{800}{880} \times 100\% \approx 91\%$$

$$期末产权比率 = \frac{1\,060}{940} \times 100\% \approx 113\%$$

通过上述计算，可以看出光明公司 2011 年期初和期末的产权比率都基本适宜，该公司财务状况处于良好状态，有清偿能力。

产权比率与资产负债率对评价企业偿债能力的作用基本相同，但也存在一定的区别，主要体现在：产权比率侧重于揭示企业财务结构的稳健程度以及自有资金对偿债风险的承受能力，资产负债率则侧重于分析债务偿付安全性的物质保障程度。

3. 利息保障倍数

利息保障倍数是指企业息税前利润与利息费用的比率，用以衡量企业偿付借款利息的能力。其计算公式为：

$$利息保障倍数 = \frac{息税前利润}{利息费用}$$

息税前利润是指包括利息支出和交纳所得税前的正常业务经营利润，不包括非正常项目。而负债与资本支持的项目一般属于正常业务经营范围。因此，计算利息保障倍数时，应当以正常业务经营的息税前利润为基础。债务利息应包括财务费用中的利息和资本化的利息两部分。

利息保障倍数指标反映了企业息税前利润为所需支付的债务利息的倍数。从长期来看,利息保障倍数至少应大于1,且比例越高,企业长期偿债能力越强;比例越低,长期偿债能力越弱。

> 息税前利润是指利润表中未扣除利息费用和所得税之前的利润,它可以用税后利润加所得税再加利息费用计算得出。

根据表 5-11 中的数据,光明公司 2011 年税后净利润为 160 万元,利息费用为 80 万元,所得税费用为 75 万元,可得该公司的利息保障倍数为:

$$利息保障倍数 = \frac{160 + 80 + 75}{80} \approx 3.94$$

通过上述计算,可以分析出光明公司 2011 年的利息保障倍数较高,有一定的偿付长期负债利息的能力。

二、营运能力分析

企业的经营活动离不开各项资产的运用,对企业营运能力的分析,实质上是对企业各项资产的周转使用情况进行分析。

企业资产营运能力取决于各项资产的周转速度。周转速度越快,资产的使用效率越高,则资产的营运能力越强;反之,营运能力越差。

企业在一定时期内资产的周转额与其平均余额的比率称为周转率,它反映企业在一定时期资产的周转次数。资产的周转次数越多,周转速度就越快,表明企业的营运能力越强。同时与该指标相反的另一指标称为周转期。周转期是周转次数的倒数与计算期天数的乘积,反映资产周转一次所需要的天数。周转期越短,表明企业周转速度越快,资产营运能力越强。它们的计算公式为:

$$周转率(周转次数) = \frac{周转额}{资产平均余额}$$

$$周转期(周转天数) = \frac{计算期天数}{周转次数}$$

$$= \frac{资产平均余额}{周转额} \times 计算期天数$$

(一) 存货周转率

1. 存货周转率的含义

存货周转率是衡量和评价企业购入存货、投入生产、销售收回成本等各环节管理状况的综合性指标。它是企业一定时期内销售成本与存货平均资金占用额的比率,是反映企业销售能力和流动资产流动性的一个指标,也是衡量企业生产经营各环节中存货运营效率的一个综合性指标。

2. 存货周转率的计算公式

$$存货周转率(次数)=\frac{主营业务成本}{平均存货}$$

$$存货周转期(天数)=\frac{平均存货}{主营业务成本}\times计算期天数$$

$$=\frac{计算期天数}{存货周转率}$$

其中,平均存货=(期初存货余额+期末存货余额)/2;计算期天数一般按 360 天进行计算。

3. 对存货周转率的分析

存货周转速度越快,存货的占用水平越低,流动性越强,存货转换为现金、应收账款的速度越快。提高存货周转率,可以提高企业变现的能力。

存货周转率反映企业存货管理水平,该指标不仅影响企业的短期偿债能力,也是企业管理的重要内容。企业管理者和有条件的外部报表使用者除了分析批量因素、季节性生产变化外,还应对存货的结构及影响存货周转速度等重要因素进行分析。

分析存货周转的目的是企业从不同角度找出存货管理中的问题,使存货管理在保证生产经营连续性的同时,尽可能减少经营资金占用,提高资金的使用效率,增强企业短期偿债能力,提高企业管理水平。

根据表 5-10 和表 5-11 中的数据,光明公司 2011 年度主营业务成本为 2 503 万元,其期初存货为 326 万元,期末存货为 119 万元,可以计算出该公司的存货周转率为:

$$存货周转率=\frac{2\ 503}{\frac{326+119}{2}}\approx11.2(次)$$

$$存货周转期=\frac{360}{11.2}\approx32(天)$$

(二) 应收账款周转率

1. 应收账款周转率的含义

应收账款周转率是一定时期内商品主营业务收入净额与平均应收账款的比值,是反映应收账款周转速度的指标。

2. 应收账款周转率的计算公式

$$应收账款周转率=\frac{主营业务收入净额}{平均应收账款}$$

$$应收账款周转期=\frac{计算期天数}{应收账款周转率}$$

$$=\frac{平均应收账款}{主营业务收入净额}\times计算期天数$$

其中，主营业务收入净额＝主营业务收入－销售折扣与折让；平均应收账款＝（期初应收账款＋期末应收账款)/2。

平均应收账款是资产负债表中的应收账款和应收票据等全部赊销账款期初与期末的平均数，且该金额是扣除坏账准备后的净额。

3. 对应收账款周转率的分析

应收账款周转率越高，企业变现期就越短，说明应收账款收回得越快。否则，企业的营运资金会过多呆滞在应收账款上，影响资金的正常运转。但该指标也受到一定因素的制约。例如，季节性经营的企业使用这个指标时不能反映实际情况；大量使用分期收款的结算方式，大量使用现金结算的销售，以及年末销售大幅增加或年末销售大幅下降等因素，会对应收账款周转率的计算结果产生较大影响。财务报表分析人员应将计算出的指标与企业前期指标、行业平均水平或同行业企业指标进行比较，判断其高低。

根据表 5-10 和表 5-11 中的数据，光明公司 2011 年度主营业务收入净额为 2 866 万元，期初、期末应收账款分别为 200 万元和 400 万元，期初、期末坏账准备分别为 1 万元和 2 万元，期初、期末应收票据分别为 11 万元和 8 万元，计算出光明公司的应收账款周转率为：

$$应收账款周转率＝\frac{2\ 866}{\frac{200-1+400-2}{2}+\frac{11+8}{2}}\approx9.31（次）$$

$$应收账款周转期＝\frac{360}{9.31}\approx39（天）$$

（三）流动资产周转率

1. 流动资产周转率的含义

流动资产周转率是流动资产在一定时期完成的周转额（主营业务收入）与流动资产的平均占用额之间的比值。

2. 流动资产周转率的计算公式

$$流动资产周转率＝\frac{主营业务收入净额}{平均流动资产总额}$$

$$流动资产周转期＝\frac{计算期天数}{流动资产周转率}$$

$$＝\frac{平均流动资产总额}{主营业务收入净额}\times计算期天数$$

平均流动资产总额应按分析期的不同分别加以确定，并应保持主营业务收入净额与平均流动资产总额在时间上的一致性。

3. 对流动资产周转率的分析

流动资产周转率反映流动资产的周转速度。周转速度快，会相对节约流动资产，相对扩大资产投入，增强企业盈利能力；而延缓流动资产的周转速度，需要补充流动资产进行周转，会造成资金的浪费，降低企业盈利能力。

根据表 5-10 和表 5-11 中的数据，光明公司 2011 年度主营业务收入净额为 2 866 万元，

期初流动资产为 610 万元,期末流动资产为 700 万元。经计算,得知光明公司的流动资产周转率为:

$$流动资产周转率 = \frac{2\ 866}{\dfrac{610+700}{2}} \approx 4.38(次)$$

$$流动资产周转期 = \frac{360}{4.38} \approx 82(天)$$

(四) 总资产周转率

1. 总资产周转率的含义

总资产周转率是企业主营业务收入净额与平均资产总额的比率。

2. 总资产周转率的计算公式

$$总资产周转率(次数) = \frac{主营业务收入净额}{平均资产总额}$$

平均资产总额应按分析期的不同分别加以确定,并应当与主营业务收入净额在时间上保持一致。如果资金占用的波动较大,则企业应采用更为详细的资料进行计算。通常情况下,总资产周转率中的平均资产总额以年为单位,用"(期初+期末)/2"的公式进行计算。

3. 对总资产周转率的分析

总资产周转率反映资产总额的周转速度。该指标越高,周转速度越快,反映企业销售能力越强,表明企业全部资产的使用效率越高;反之,则表明企业总资产的使用效率低,影响企业的盈利能力。

根据表 5-10 和表 5-11 中的数据,光明公司 2011 年度主营业务收入净额为 2 866 万元,期初总资产为 1 680 万元,期末总资产为 2 000 万元,可以计算出该公司的总资产周转率为:

$$总资产周转率 = \frac{2\ 866}{\dfrac{1\ 680+2\ 000}{2}} \approx 1.6(次)$$

经过计算,可以看出光明公司的总资产周转率并不是很高,该公司可以采用薄利多销的办法,加速资产的周转,带来利润绝对额的增加。

三、盈利能力分析

各项资产的周转指标用于衡量企业资产使用效率的能力,经常与反映企业盈利能力的指标结合在一起使用,可全面评价企业的盈利能力。

盈利能力就是企业赚取利润的能力,也是企业财务报表分析主体日益重视和关心的问题。

盈利能力分析通常只涉及正常营业的企业。非正常营业的企业,也有带来收益或损失的可能,但这只是特殊情况下的结果,不能说明企业的能力。因此,在分析企业能力时,应当排除下述因素:证券买卖的非正常项目、已经或将要停止的营业项目,以及重大事故、法律更改、会计准则和财务制度变更带来的累计影响等。

反映企业盈利能力的指标通常包括:营业净利率、资产净利率、净资产收益率。

(一) 营业净利率

1. 营业净利率的含义

营业净利率是企业净利润与主营业务收入净额的百分比。

2. 营业净利率的计算公式

$$营业净利率 = \frac{净利润}{主营业务收入净额} \times 100\%$$

3. 对营业净利润指标的分析

营业净利润反映企业每 1 元主营业务收入净额带来的净利润是多少,该指标表明主营业务收入的收益水平。净利润额与营业净利率成正比关系,而主营业务收入额与营业净利率成反比关系。企业在增加主营业务收入额的同时,必须相应地获得更多的净利润,才能使营业净利率保持不变或有所提高。通过分析营业净利率的升降变动,可以促使企业在扩大销售的同时,注意改进经营管理,提高盈利水平。

根据表 5-11 和表 5-12 中的数据,光明公司 2011 年度主营业务收入净额为 2 866 万元,净利润为 160 万元。经计算,该公司的营业净利率为:

$$营业净利率 = \frac{160}{2\ 866} \times 100\% \approx 5.6\%$$

(二) 资产净利率

1. 资产净利率的含义

资产净利率是企业净利润与平均资产总额的百分比。

2. 资产净利率的计算公式

$$资产净利率 = \frac{净利润}{平均资产总额} \times 100\%$$

3. 对资产净利率的分析

资产净利率是一个综合指标,反映企业资产利用的综合效果。资产净利率越高,表明资产的利用效率越高,说明企业在增加收入和节约资金使用等方面取得了良好的效果。

企业的资产是由投资者投入或举债形成的。净利润的多少与企业资产的多少、资产的结构、经营管理水平有着密切的关系。为了正确评价企业经济效益的高低,挖掘提高利润水平的潜力,可以用该项指标与本企业前期计划或本行业平均水平进行对比,分析形成差异的原因。

影响资产净利率高低的因素主要有产品的价格、单位成本的高低、产品的产量和销售的数量、资金占用量的大小等。

根据表 5-10 和表 5-12 中的数据,光明公司 2011 年度期初资产为 1 680 万元,期末资产为 2 000 万元,净利润为 160 万元。经计算,该公司的资产净利率为:

$$资产净利率 = \frac{160}{\dfrac{1\ 680 + 2\ 000}{2}} \times 100\% \approx 8.7\%$$

通过计算,可以看出光明公司的资产利用效率较好,该公司在增加收入和节约资金使用等方面取得了一定的效果。

(三) 净资产收益率

1. 净资产收益率的含义

净资产收益率又称权益净利率,是指企业一定时期内的净利润与平均净资产的比率。

2. 净资产收益率的计算公式

$$净资产收益率 = \frac{净利润}{平均净资产} \times 100\%$$

其中,平均净资产＝(期初所有者权益数＋期末所有者权益数)/2;净利润是指企业的税后利润。

3. 对净资产收益率的分析

净资产收益率反映投资者投入企业的自有资本获取净收益的能力,即反映投资与报酬的关系,是评价企业资本经营效益的核心指标。净资产收益率通用性强,适应范围广,不受行业局限。在我国上市公司的业绩综合排序中,净资产收益率居于首位。通过对该指标的综合对比分析,可以分析出企业的差异水平。

通常情况下,企业净资产收益率越高,企业自有资本获取收益的能力越强,营运效益越好,对企业债权人、投资人的保证程度越高。

根据表 5-10 和表 5-12 中的数据,光明公司的净资产收益率为:

$$净资产收益率 = \frac{160}{\dfrac{880 + 940}{2}} \times 100\% \approx 17.6\%$$

经过上述计算,可以看出光明公司的净资产收益率还是比较高的,该公司获取收益的能力较强,营运的效益较好。

(四) 每股收益

1. 每股收益的含义

每股收益也称每股利润或每股盈余,是指上市公司本年净利润与年末普通股总数的比值。

2. 每股收益的计算公式

$$每股收益 = \frac{净利润}{年末普通股总数}$$

其中,根据中国证券监督管理委员会的规定,该公式中的分子是本年度的净利润,分母是年末的普通股总数。该公式主要适用于本年普通股数未发生变化的情况。

3. 对每股收益的分析

每股收益是衡量上市公司盈利能力最常用的财务指标,它反映普通股的获利水平。在分析每股收益时,可在同行业公司间进行比较,以评价该公司的相对盈利能力;同时也可以对该公司的不同时期进行比较,了解该公司盈利能力的变化趋势;还可以进行实际业绩和盈利预测的比较,掌握该公司的管理能力。

利用每股收益进行营利性分析时,应注意每股收益不反应股票所含有的未来风险。例如,某公司曾经是经营日化品产销的企业,最近转向投资房地产业,公司的经营风险增大了许多,但每股收益仍可能不变或提高,无法反映风险增加和不利的变化。同时,由于股票是一个计量单位,不同股票每股在经济上不等量,所以它们所含有的净资产和市价不同,即换取每股收益的投入量不同。

(五)每股股利

1. 每股股利的含义

每股股利是指股利总额与期末普通股股利总额之比。

2. 每股股利的计算公式

$$每股股利 = \frac{股利总额}{年末普通股股利总额}$$

其中,股利总额是指用于分配普通股现金股利的总额。

(六)市盈率

1. 市盈率的含义

市盈率是指普通股每股市价与每股收益的比值。

2. 市盈率的计算公式

$$市盈率 = \frac{普通股每股市价}{普通股每股收益}$$

3. 对市盈率的分析

市盈率是反映投资者每1元净利润所愿付出的代价,可以用来估计公司股票的投资报酬和风险。该指标是市场对公司的共同期望指标,市盈率越高,表明市场对公司的未来越看好。

在每股市价确定的情况下,每股收益越高,市盈率越高,投资风险越小。因此,仅从市盈率高低的横向比较看,市盈率高说明企业能够获得社会信任,拥有良好的发展前景;反之亦然。

通常情况下,股票的期望报酬率为5%~20%,所以正常的市盈率在5~20。

但是,市盈率指标不能用于不同行业企业的比较。一般情况下,新兴行业的市盈率普遍较高,而成熟公司的市盈率相对较低,但这并不能说明后者的股票没有投资价值;市盈率的高低受公司净利润的影响,而净利润又受可选择的会计政策的影响。由于行业不同,会计政策也存在着差异。

市盈率指标还受股票市价的影响,市价变动的影响因素很多,例如投机炒作等;当企业每股收益很小或亏损时,股票市价也不会降到零。市盈率居高不下也不能说明任何问题。因此,财务报表分析者应观察市盈率的长期趋势,才能做出正确的判断。

> 财务报表分析通常只能发现问题,而不能提供解决问题的方案。财务报表分析能对企业的偿债能力、收益能力做出评价,但不能提供最终解决问题的办法,需要进行详细调查和研究。这些调查和研究涉及宏观经济、所在行业和企业的其他信息,并且需要通过不断的管理创新来解决企业的问题。

知识三 财务报表分析的步骤与方法

一、财务报表分析的步骤

(一)制订分析计划

不同的会计报表使用者进行财务分析的目的不同。在确定分析目的的基础上,才能制订分析计划。分析计划包括分析的范围、采用的分析方法、人员分工和工作进度等。分析计划的具体内容根据分析目的的不同有所侧重。

(二)收集资料

财务报表分析主要是对财务报表数据进行再加工。企业的经营情况受企业自身的经营战略、宏观经济环境和行业发展等诸多因素的综合影响。因此,仅就财务报表数据进行分析,其所产出信息的效用是有限的,企业财务报表分析必须在报表数据的基础上,结合上述因素来进行。因此,财务报表分析需要的有关资料包括:

① 企业自身的资料,包括财务报表、注册会计师和审计师的意见、计划预算资料、定额资料、企业经营战略等。

② 宏观环境资料,包括国家的经济政策、经济周期、经济增长率、通货膨胀率、利率等。

③ 行业及行业企业的资料,包括本行业生产特征、经济增长特征、竞争力以及行业企业其他相关情况等。

(三)整理加工数据

根据财务报表分析的目的,采用适当的分析方法,对收集到的数据进行必要的加工整理,计算有关指标,以揭示隐含在报表数据中的重要关系。

（四）分析和评价

将计算出的各种指标与本企业历史平均水平（或历史先进水平）、同行业平均水平（或同行业先进水平），进行纵向或横向比较，评价企业经营成果和财务状况，预测企业未来的发展趋势。

（五）提出分析报告

将分析过程中得到的资料、指标和评价结果等进行归纳、整理，形成一份论据充分、叙述清楚、分析透彻的分析报告，以供决策者使用。

二、财务报表分析的基本方法

在理论上有很多财务报表分析方法可供选择，如比较分析法、比率分析法、趋势分析法、因素分析法、图标解释法、报表信息重新分类法等。财务报表的分析方法可以用来增强财务报表的使用效果。在实际操作中，使用最为广泛的主要是比较分析法、比率分析法、趋势分析法和因素分析法。

（一）比较分析法

1. 比较分析法的含义

比较分析法是通过经济指标在数量上的比较，来揭示经济指标的数量关系和数量差异的一种方法。经济指标之间存在着某种数量关系（大于或小于、增加或减少），能说明生产经营活动的一定状况。经济指标出现了数量差异，往往就说明有值得进一步分析的问题。

2. 比较分析法的作用

比较分析法主要用于揭示财务活动中的数量关系和存在的差距，从中发现问题，为进一步分析原因、挖掘潜力指明方向。

比较分析法是最基本的分析方法，不仅其本身在财务分析中被广泛应用，而且其他分析方法也是建立在比较分析法的基础之上的。

3. 比较分析法的三种形式

① 实际指标同预算（计划或定额）指标比较，可以揭示实际与预算之间的差异，了解该项指标的完成情况。

② 本期指标同上期指标或历史最高水平比较，可以确定前后不同时期有关指标的变动情况，了解企业生产经营活动的发展趋势和管理工作的改进情况。

③ 本单位指标同国内外同行业先进单位指标比较，可以找出与先进单位之间的差异，推动本单位改善经营管理，赶超先进水平。

财务报表一般都同时列示上期数和本期数，目的就是便于对比分析。在采用比较分析法对同一性质指标进行数量比较时，要注意进行对比的指标必须是同质的，在经济内容、计算方法、计算期等方面都具有可比性。

（二）比率分析法

1. 比率分析法的含义

比率分析法是把某些彼此存在关联的项目加以对比，计算出比率，据以确定经济活动变动程度的分析方法。比率是相对数。采用这种方法，能够把某些条件下的不可比较指标变为可以比较的指标，以利于进行分析。

2. 相关比率分析法

相关是计算两个性质不同却又相关的指标之间的比率。相关比率的分子与分母是两个性质完全不同的指标，但又有内在联系，计算出的是一个相对值。例如，可以通过计算企业资金利润率、企业资金周转率等指标来分析资金的利用效果和利用效率；通过计算资产负债率、流动比率等指标来分析企业的负债程度及其偿债能力等。

3. 构成比率分析法

构成比率又称结构比率，它是某项经济指标的各个组成部分与总体的比率，反映部分与总体的关系。其计算公式为：

$$构成比率 = \frac{某个组成部分数值}{总体数值} \times 100\%$$

利用构成比率，可以考察总体中某个部分的形成和安排是否合理，以便协调各项财务活动。

4. 效率比率

效率比率是某项经济活动中所失与所得的比率，反映投入与产出的关系。利用效率比率指标，可以进行得失比较，考察经营成果，评价经济效益。如果将销售收入、利润与销售成本、资本等项目加以对比，可计算出成本利润率、销售利润率以及资本利润率等利率指标，可以从不同角度比较企业获利能力的高低及其增减变化情况。

5. 比率分析法的应用

比率分析法的计算简便，结果容易判断，而且可以使某些指标在不同规模的企业之间进行比较，甚至也能在一定程度上超过行业间的差别进行比较。

采用比率分析法进行报表分析，应注意计算比率的分子与分母必须相关，把不相关的项目进行对比是没有意义的；同时，计算比率的分子与分母应在计算时间、范围等方面保持口径一致。

（三）趋势分析法

1. 趋势分析法的含义

趋势分析法是通过计算连续若干期的相同指标，以揭示和预测发展趋势的一种方法。它包括定比和环比两种方法。定比是以某一时期为基数，将其他各期均与该期的基数进行比较而计算出来的动态比率；环比是以每一个分析期的前期数值为基数，将分析期数值与之相比而计算出来的动态比率。它们的计算公式为：

$$定比分析 = \frac{分析期数值}{固定期数值} \times 100\%$$

$$环比分析 = \frac{分析期数值}{分析期前期数值} \times 100\%$$

例如,如果企业以 2008 年度的利润为基数,可以将 2009 年、2010 年和 2011 年的利润都与 2008 年的数额进行比较,这是定比;如果企业以 2008 年的数据与 2009 年比较,以 2010 年的数据与 2011 年比较,则是环比。

采用定比分析,可以将分析期与基数期进行直接对比,以便寻找挖掘潜力的途径和方法,保证在现有的基础上,不断提高相关指标的先进性。

采用环比分析,可以分析该指标的连续变化趋势。有时为了直观起见,还可将这一变化趋势在坐标图中给出变动曲线,寻求变动规律,以利于总结经验,尽量避免受不利因素的影响。

2. 趋势分析法的应用

在应用趋势分析法时,应当注意以下几点。

① 趋势分析法用于进行对比的各个时期的指标,在计算口径上要保持一致。企业由于受到外界经济政策、财务制度的变换以及物价波动的影响,因而要对这些影响因素做出适当调整。

② 剔除偶发性项目的影响,使作为分析的数据能反映正常的经营状况。例如,增大对外投资、企业扩充资本、企业突发风险等重要的经济事项都可能对某一时期的相关指标甚至几个时期的相关指标造成很大波动。在进行财务报表分析时,这些因素都应加以剔除,以确保在正常情况下做出准确的判断,从而针对性地采取各项有效措施。

③ 应用例外原则,对某项有显著变动的指标做重点分析,研究其发生显著变动的原因,以便采取有效对策,趋利避害。

(四) 因素分析法

1. 因素分析法的含义

一项经济指标的变动,往往受多种因素的影响。只有把综合性的指标分解为各种构成因素,才能了解指标完成情况的真正原因。这种把综合性指标分解为各个因素的方法,就是因素分析法。

因素分析法又称连环替代法或连锁替代法。它是用来分析引起某个经济指标变动的各个因素影响程度的一种方法。

在几个相互联系的因素共同影响某一经济指标的情况下,可应用这一方法来计算各个因素对经济指标发生变动的影响程度。

2. 因素分析法的计算步骤

① 分解财务报表中某项综合指标的各项构成要素。

② 确定各个因素替代顺序,然后按照这一顺序逐一替代计算。

③ 在衡量某一因素对一个经济指标的影响程度时,假定只有这一个因素在变动而其余因素不变。

④ 把这个指标与该因素替代前的指标相比较,确定该因素变动对经济指标所造成的影响。

3. 因素分析法的应用

假定某一财务指标由 A、B、C 三大因素的乘积构成。其实际指标、标准指标与其所有影响因素间的关系表示如下:

$$实际指标\quad P_a=A_a\times B_a\times C_a$$
$$标准指标\quad P_s=A_s\times B_s\times C_s$$

实际与标准的总差异为 P_a-P_s,这一总差异同时受 A、B 和 C 三个因素的影响。它们各自的影响程度可分别由以下公式计算求得:

$$A 因素变动的影响\quad (A_a-A_s)\times B_s\times C_s$$
$$B 因素变动的影响\quad A_a\times(B_a-B_s)\times C_s$$
$$C 因素变动的影响\quad A_a\times B_a\times(C_a-C_s)$$

最后,将以上三大因素的影响数相加应该等于总差异 P_a-P_s。

因素分析法能把综合指标的差异分解为各个因素所占的份额,有助于了解造成差异的原因。但是,应该看到,这种方法是假定各个因素依照一定的顺序发生变动而进行替代计算的,因而计算出来的结果具有一定程度的假定性。换言之,它与连锁替代的顺序有很大的关系,顺序改变了,各个因素的数值也就可能不同。

因此,在采用因素分析法时,必须正确确定替代的顺序。一般而言,分析的顺序应该根据指标的经济性质、各个组成因素的内在联系和分析的具体要求而定。分析的要求不同,顺序也可以有所不同。各个指标的分析顺序一旦确定后,不能随意改变。

同步训练

训练一　熟悉财务报表分析的相关内容

【训练要求】根据已经学习的内容,请回答以下问题。

1. 财务报表的使用者有哪几类人? 他们的目的有何不同?

2. 财务报表分析的方法有哪些?

3. 企业财务报表分析最重要的财务指标有几个? 应如何进行计算?

训练二　熟悉财务报表分析的相关指标

【训练要求】选出以下各题中唯一的正确选项,并将正确选项的序号填在括号内。

1. 速动比率会有小于 1 的情况出现,其原因是( )。

　A. 流动负债大于速动资产　　　　　　B. 应收账款不能实现

　C. 大量采用现金销售　　　　　　　　D. 存货过多导致速动资产减少

2. 衡量上市公司盈利能力时,通常选用的财务分析指标是( )。

　A. 市盈率　　　　B. 每股收益率　　　　C. 每股净资产　　　　D. 本益比

3. 下列各项中,不属于评价企业短期偿债能力的指标是(　　　)。

　　A. 流动比率　　　　　B. 现金流动负债率　　　C. 速动比率　　　　　D. 产权比率

4. 下列各项中,可能会导致企业资产负债率发生变化的经济业务是(　　　)。

　　A. 收回应收账款　　　　　　　　　　　　B. 接受投资者转入的固定资产

　　C. 以账面价值作价将固定资产对外投资　　D. 用现金购买债券

5. 当企业的流动比率大于 1 时,增加流动资金借款会使得当期企业流动比率(　　　)。

　　A. 降低　　　　　　　B. 提高　　　　　　　C. 不变　　　　　　　D. 不确定

训练三　计算财务报表分析的相关指标并进行相关分析

【训练要求】根据表 5-13 和表 5-14 中给定的资料,计算相关的财务指标并进行分析。

康达公司 2011 年 12 月 31 日的资产负债表、损益表数据如表 5-13 和表 5-14 所示。

表 5-13

资产负债表

编制单位:康达公司　　　　　　　　　　　　2011 年 12 月 31 日　　　　　　　　　　　　单位:万元

资　　产	期末余额	期初余额	负债及所有者权益	期末余额	期初余额
流动资产:			流动负债:		
货币资金	300	260	短期借款	360	400
短期投资	160	140	应付票据	100	120
应收票据	50	80	应付账款	780	620
应收账款	1 250	860	其他应付款	240	200
减:坏账准备	50	20			
应收账款净额	1 200	840	应付工资	60	80
其他应收款	130	120	未交税金	220	140
存货	1 680	1 320	一年内到期的长期负债	300	230
流动资产合计	3 520	2 760	流动负债合计	2 060	1 790
长期投资:			长期负债:		
长期投资	200	200	长期借款	800	800
固定资产:			应付债券	500	500
固定资产原价	4 560	3 800	长期负债合计	1 500	1 300
减:累计折旧	1 580	1 460			
固定资产净值	2 980	2 340	所有者权益:		
无形及递延资产:			股本(普通股)	2 800	2 000
无形资产	400	360	资本公积	320	180
递延资产	180	120	盈余公积	720	660
其他长期资产	200	200	未分配利润	80	50
资产总计	7 480	5 980	所有者权益合计	3 920	2 890
			负债所有者权益合计	7 480	5 980

表 5-14

利润表

编制单位:康达公司　　　　　　　　　2011 年 12 月 31 日　　　　　　　　　单位:万元

项　　目	本期金额	上期金额
一、产品销售收入	13 400	11 500
减:产品销售成本	9 460	7 800
产品销售费用	840	680
产品销售税金及附加	960	820
二、产品销售利润	2 140	2 200
加:其他业务利润	160	140
减:管理费用	580	560
财务费用	340	270
三、营业利润	1 380	1 510
加:投资收益	60	30
营业外收入	120	50
减:营业外支出	230	210
四、利润总额	1 150	1 380
减:所得税	380	450
五、净利润	770	930

1. 请计算该公司的流动比率、速动比率、资产负债率、产权比率,并分析该公司的偿债能力。

2. 请计算该公司的总资产周转率、流动资产周转率、存货周转率、应收账款周转率,并分析该公司的营运能力。

3. 请计算该公司的销售毛利率、销售净利率、总资产收益率、净资产收益率,并分析该公司的盈利能力。

附录 A　关于交通运输业和部分现代服务业营业税改征增值税试点若干税收政策的通知

财税〔2011〕133 号

各省、自治区、直辖市、计划单列市财政厅(局)、国家税务局、地方税务局,新疆生产建设兵团财务局:

现将上海市(以下称试点地区)开展交通运输业和部分现代服务业营业税改征增值税试点若干税收政策通知如下。

一、销售使用过的固定资产

按照《交通运输业和部分现代服务业营业税改征增值税试点实施办法》(财税〔2011〕111 号,以下简称《试点实施办法》)和《交通运输业和部分现代服务业营业税改征增值税试点有关事项的规定》(财税〔2011〕111 号,以下简称《试点有关事项的规定》)认定的一般纳税人,销售自己使用过的 2012 年 1 月 1 日(含)以后购进或自制的固定资产,按照适用税率征收增值税;销售自己使用过的 2011 年 12 月 31 日(含)以前购进或者自制的固定资产,按照 4%征收率减半征收增值税。

使用过的固定资产,是指纳税人根据财务会计制度已经计提折旧的固定资产。

二、计税方法

试点地区的增值税一般纳税人兼有销售货物、提供加工修理修配劳务或者提供应税服务的,凡未规定可以选择按照简易计税方法计算交纳增值税的,其全部销售额应一并按照一般计税方法计算交纳增值税。

三、跨年度业务

(一)试点纳税人(指按照《试点实施办法》交纳增值税的纳税人,下同)提供应税服务,按照国家有关营业税政策规定差额征收营业税的,因取得的全部价款和价外费用不足以抵减允许扣除项目金额,截至 2011 年 12 月 31 日尚未扣除的部分,不得在计算试点纳税人 2012 年 1 月 1 日后的销售额时予以抵减,应当向主管税务机关申请退还营业税。

试点纳税人按照《试点有关事项的规定》第一条第(六)项,继续交纳营业税的有形动产租赁服务,不适用上述规定。

(二)试点纳税人提供应税服务在 2011 年年底前已交纳营业税,2012 年 1 月 1 日后因发生退款减除营业额的,应当向主管税务机关申请退还已交纳的营业税。

(三)试点纳税人 2011 年年底前提供的应税服务,因税收检查等原因需要补交税款的,应按照现行营业税政策规定补交营业税。

四、船舶代理服务

船舶代理服务按照港口码头服务交纳增值税。

船舶代理服务,是指接受船舶所有人或者船舶承租人、船舶经营人的委托,经营办理船舶进出港口手续,联系安排引航、靠泊和装卸;代签提单、运输合同,代办接受订舱业务;办理船舶、集装箱以及货物的报关手续;承揽货物、组织货载,办理货物、集装箱的托运和中转;代收运费,代办结算;组织客源,办理有关海上旅客运输业务;其他为船舶提供的相关服务。

提供船舶代理服务的单位和个人,受船舶所有人、船舶经营人或者船舶承租人委托向运输服务接受方或者运输服务接受方代理人收取的运输服务收入,应当按照水路运输服务交纳增值税。

五、销售额

试点纳税人中的一般纳税人按《试点有关事项的规定》第一条第(三)项确定销售额时,其支付给非试点纳税人价款中,不包括已抵扣进项税额的货物、加工修理修配劳务的价款。

六、扣交增值税适用税率

中华人民共和国境内的代理人和接受方为境外单位和个人扣交增值税的,按照适用税率扣交增值税。

七、航空运输企业

(一)除中国东方航空股份有限公司、上海航空有限公司、中国货运航空有限公司、春秋航空股份有限公司、上海吉祥航空股份有限公司、扬子江快运航空有限公司外,其他注册在试点地区的单位从事《试点实施办法》中《应税服务范围注释》规定的航空运输业务,不交纳增值税,仍按照现行营业税政策规定交纳营业税。

(二)提供的旅客利用里程积分兑换的航空运输服务,不征收增值税。

(三)根据国家指令无偿提供的航空运输服务,属于《试点实施办法》第十一条规定的以公益活动为目的的服务,不征收增值税。

(四)试点航空企业的应征增值税销售额不包括代收的机场建设费和代售其他航空运输企业客票而代收转付的价款。

(五)试点航空企业已售票但未提供航空运输服务取得的逾期票证收入,不属于增值税应税收入,不征收增值税。

财政部　国家税务总局

二〇一一年十二月二十九日

附录 B　关于小型微利企业所得税优惠政策有关问题的通知

财税[2011]117 号

各省、自治区、直辖市、计划单列市财政厅(局)、国家税务局、地方税务局,新疆生产建设兵团财务局:

为了进一步支持小型微利企业发展,经国务院批准,现就小型微利企业所得税政策通知如下。

一、自 2012 年 1 月 1 日至 2015 年 12 月 31 日,对年应纳税所得额低于 6 万元(含 6 万元)的小型微利企业,其所得减按 50% 计入应纳税所得额,按 20% 的税率交纳企业所得税。

二、本通知所称小型微利企业,是指符合《中华人民共和国企业所得税法》及其实施条例,以及相关税收政策规定的小型微利企业。

请遵照执行。

财政部　国家税务总局

二〇一一年十一月二十九日

附录 C　关于印发《营业税改征增值税试点方案》的通知

财税〔2011〕110 号

各省、自治区、直辖市、计划单列市财政厅（局）、国家税务局、地方税务局，新疆生产建设兵团财务局：

《营业税改征增值税试点方案》已经国务院同意，现印发你们，请遵照执行。

附件：营业税改征增值税试点方案

财政部　国家税务总局

二〇一一年十一月十六日

附件：营业税改征增值税试点方案

根据党的十七届五中全会精神，按照《中华人民共和国国民经济和社会发展第十二个五年规划纲要》确定的税制改革目标和 2011 年《政府工作报告》的要求，制定本方案。

一、指导思想和基本原则

（一）指导思想

建立健全有利于科学发展的税收制度，促进经济结构调整，支持现代服务业发展。

（二）基本原则

1. 统筹设计，分步实施。正确处理改革、发展、稳定的关系，统筹兼顾经济社会发展要求，结合全面推行改革需要和当前实际，科学设计，稳步推进。

2. 规范税制，合理负担。在保证增值税规范运行的前提下，根据财政承受能力和不同行业发展特点，合理设置税制要素，改革试点行业总体税负不增加或略有下降，基本消除重复征税。

3. 全面协调，平稳过渡。妥善处理试点前后增值税与营业税政策的衔接、试点纳税人与非试点纳税人税制的协调，建立健全适应第三产业发展的增值税管理体系，确保改革试点有序运行。

二、改革试点的主要内容

（一）改革试点的范围与时间

1. 试点地区。综合考虑服务业发展状况、财政承受能力、征管基础条件等因素，先期选择经济辐射效应明显、改革示范作用较强的地区开展试点。

2. 试点行业。试点地区先在交通运输业、部分现代服务业等生产性服务业开展试点，逐步推广至其他行业。条件成熟时,可选择部分行业在全国范围内进行全行业试点。

3. 试点时间。2012 年 1 月 1 日开始试点,并根据情况及时完善方案,择机扩大试点范围。

(二)改革试点的主要税制安排

1. 税率。在现行增值税 17％标准税率和 13％低税率基础上,新增 11％和 6％两档低税率。租赁有形动产等适用 17％税率,交通运输业、建筑业等适用 11％税率,其他部分现代服务业适用 6％税率。

2. 计税方式。交通运输业、建筑业、邮电通信业、现代服务业、文化体育业、销售不动产和转让无形资产,原则上适用增值税一般计税方法。金融保险业和生活性服务业,原则上适用增值税简易计税方法。

3. 计税依据。纳税人计税依据原则上为发生应税交易取得的全部收入。对一些存在大量代收转付或代垫资金的行业,其代收代垫金额可予以合理扣除。

4. 服务贸易进出口。服务贸易进口在国内环节征收增值税,出口实行零税率或免税制度。

(三)改革试点期间过渡性政策安排

1. 税收收入归属。试点期间保持现行财政体制基本稳定,原归属试点地区的营业税收入,改征增值税后收入仍归属试点地区,税款分别入库。因试点产生的财政减收,按现行财政体制由中央和地方分别负担。

2. 税收优惠政策过渡。国家给予试点行业的原营业税优惠政策可以延续,但对于通过改革能够解决重复征税问题的,予以取消。试点期间针对具体情况采取适当的过渡政策。

3. 跨地区税种协调。试点纳税人以机构所在地作为增值税纳税地点,其在异地交纳的营业税,允许在计算交纳增值税时抵减。非试点纳税人在试点地区从事经营活动的,继续按照现行营业税有关规定申报交纳营业税。

4. 增值税抵扣政策的衔接。现有增值税纳税人向试点纳税人购买服务取得的增值税专用发票,可按现行规定抵扣进项税额。

三、组织实施

1. 财政部和国家税务总局根据本方案制定具体实施办法、相关政策和预算管理及交库规定,做好政策宣传和解释工作。经国务院同意,选择确定试点地区和行业。

2. 营业税改征的增值税,由国家税务局负责征管。国家税务总局负责制定改革试点的征管办法,扩展增值税管理信息系统和税收征管信息系统,设计并统一印制货物运输业增值税专用发票,全面做好相关征管准备和实施工作。

附录 D 关于扶持动漫产业发展增值税、营业税政策的通知

财税[2011]119 号

各省、自治区、直辖市、计划单列市财政厅(局)、国家税务局、地方税务局,新疆生产建设兵团财务局:

为促进我国动漫产业健康快速发展,增强动漫产业的自主创新能力,现就扶持动漫产业发展的增值税、营业税政策通知如下。

一、关于增值税

对属于增值税一般纳税人的动漫企业销售其自主开发生产的动漫软件,按17%的税率征收增值税后,对其增值税实际税负超过3%的部分,实行即征即退政策。动漫软件出口免征增值税。上述动漫软件,按照《财政部 国家税务总局关于软件产品增值税政策的通知》(财税[2011]100 号)中软件产品相关规定执行。

二、关于营业税

对动漫企业为开发动漫产品提供的动漫脚本编撰、形象设计、背景设计、动画设计、分镜、动画制作、摄制、描线、上色、画面合成、配音、配乐、音效合成、剪辑、字幕制作、压缩转码(面向网络动漫、手机动漫格式适配)劳务,以及动漫企业在境内转让动漫版权交易收入(包括动漫品牌、形象或内容的授权及再授权),减按3%税率征收营业税。

动漫企业和自主开发、生产动漫产品的认定标准和认定程序,按照《文化部 财政部 国家税务总局关于印发〈动漫企业认定管理办法(试行)〉的通知》(文市发[2008]51 号)的规定执行。

本通知执行时间自2011 年1 月1 日至2012 年12 月31 日。《财政部 国家税务总局关于扶持动漫产业发展有关税收政策问题的通知》(财税[2009]65 号)第一条、第三条规定相应废止。

财政部 国家税务总局

二〇一一年十二月二十七日

参考文献与推荐网站

[1] 葛家澍,林志军.现代西方会计理论.厦门:厦门大学出版社,2001

[2] 赵凡禹.一分钟财务报表分析.北京:北京工业大学出版社,2003

[3] 中华人民共和国财政部.企业会计准则.北京:经济科学出版社,2006

[4] 中华人民共和国财政部.企业会计准则——应用指南.北京:立信会计出版社,2006

[5] 祝伯红,张利.新编会计报表分析.大连:大连理工大学出版社,2006

[6] 陈国辉,陈文明,孙光国.基础会计(第2版).北京:清华大学出版社,2007

[7] 杨紫元.财务管理.郑州:河南大学出版社,2007

[8] 栾甫贵,尚洪涛.基础会计(第2版).北京:机械工业出版社,2007

[9] 曹冈.财务报表分析(第3版).北京:经济科学出版社,2007

[10] 杨有红,欧阳爱平.中级财务会计.北京:北京大学出版社,2009

[11] 付磊.基础会计.北京:中央广播电视大学出版社,2009

[12] 张玲.当会计就是这么简单.北京:人民邮电出版社,2009

[13] 王秀荷,成慧君.基础会计学.北京:知识产权出版社,2009

[14] 刘红英,王文媛.会计实务(第1版).北京:人民邮电出版社,2010

[15] 董普,成慧君.基础会计模拟实训教程.北京:机械工业出版社,2010

[16] 商兰芳,宣国萍.出纳实务.北京:机械工业出版社,2011

[17] 会计从业资格考试教材编委会.会计基础.北京:中国财政经济出版社,2011

[18] 杨红岩.会计入门基础知识.合肥:黄山书社,2011

[19] http://www.mof.gov.cn

[20] http://www.bjcz.gov.cn

[21] http://lesson9.edu24ol.com/leraning/class_kjz

[22] http://www.chinaacc.com

[23] http://www.canet.com.cn

[24] http://kjzy.qikan.com

[25] http://www.gxczkj.gov.cn

[26] http://caikuai.spaxon.com

[27] http://www.xifuwa.com

[28] http://www.cnki.net